BDS

PHILIPPE FAURE-BRAC

Meilleur Sommelier du Monde

KULINARISCHE HARMONIE

Weine und ihre Speisen

In Zusammenarbeit mit

Anne Vantal

Fotos

Jean-Charles Vaillant

Food Stylist

Éric Trochon

Delius Klasing Verlag

Vorspeisen

Muscheln und Krebse

Fisch

Fleisch

Beim Genuss des Weins kann man zwei verschiedene Kulturen unterscheiden: In der eher nördlichen Kultur in Mitteleuropa und Nordamerika verkostet man den Wein gerne allein, außerhalb der Mahlzeiten. In der lateinischen Kultur hingegen gehören Wein und Speisen fast immer zusammen. Ich zähle mich zu dieser mediterranen Welt. Auch wenn es mein Beruf mit sich bringt, dass ich Weine oft ohne weitere kulinarische Begleitung verkoste, so habe ich doch in meiner 20-jährigen Tätigkeit als Sommelier viel Zeit damit verbracht, der Harmonie von Speisen und Weinen auf den Grund zu gehen. Dieses dauernde Bemühen, das sich bald zu einer Leidenschaft auswuchs, eröffnete mir eine Welt voll unerwarteter Entdeckungen.

Auch in Frankreich schenkt man den täglichen Mahlzeiten wenig Aufmerksamkeit – einfach aus Zeitmangel. Doch es gibt noch genug Gelegenheiten, um ein Essen zu organisieren, das nicht notwendigerweise kompliziert sein muss. Man kann Freunde einladen oder ein Familienfest ausrichten. Jedenfalls muss man dabei vorausdenken: Was für ein Essen will man servieren? Und wie wählt man die Weine dazu aus? Wie viel Geld und Zeit man auch zur Verfügung hat, es gibt immer zahlreiche Möglichkeiten. Das ist eine der Regeln, die mich mein Beruf gelehrt hat.

Ich habe oft darüber nachgedacht, wie ein Zusammenspiel zwischen Essen und Wein zustande kommt. Man kann sich an Allianzen halten, die ich als »historisch« bezeichne, oder aber der eigenen Kreativität freien Lauf lassen. Ich versuche jedenfalls immer, mich von vorgefassten Meinungen fernzuhalten. Nur so kann ich mehrere Möglichkeiten gleichwertig ins Auge fassen. Man könnte sich zum Beispiel vorstellen, dass historische, geografische und regionale Allianzen nur aus Respekt vor einer alten Tradition bestehen. Das trifft aber so nicht zu. Gerichte und Weine desselben Terroirs und derselben Region haben sich gemeinsam entwickelt. Es ist also nichts Erstaunliches, wenn diese regionalen Produkte oft besonders gut zusammenpassen. Sie haben sich gegenseitig beeinflusst und bilden nun eine perfekte Einheit – ähnlich wie ein altes Ehepaar.

Will man einen kreativeren Akkord zwischen Speisen und Wein, so muss man mehrere Elemente in Betracht ziehen: die Düfte, die über den Geschmack mitbestimmen, die Struktur, die Stofflichkeit und die Dichte entscheiden darüber, wie uns ein Schluck oder ein Bissen schmeckt. Einige Verbindungen erweisen sich dabei als ungünstig: Ein sehr raffinierter und diskreter Wein verliert seine Eigenschaften angesichts eines Gerichts mit mächtigen Aromen. Man wird zum Beispiel entdecken, dass ein sehr eleganter Wein bei gewissen Speisen aus dem Gleichgewicht zu geraten scheint. Die subtilsten Weine gewinnen dafür oft, wenn man sie zu einfachen Gerichten wie gegrilltem Fleisch serviert: Offenkundig bewahrt es deren Finesse. Es gibt auch Weine, die, wenn man sie allein verkostet, nicht ganz ausgeglichen schmecken. Doch zusammen mit einigen Speisen verändern sie sich günstig!

Natürlich stellt sich eine harmonische Allianz nur mit guten Produkten ein. Man muss diese Düfte, Geschmacksrichtungen und Texturen nur noch ordnen. Die Düfte des Gerichts und des Weins dürfen sich nicht gegenseitig stören oder durch ihre Fülle gar den Gaumen lahm legen. Die Geschmacksrichtungen (süß, salzig, bitter ...) sollten sich ergänzen, nicht erschlagen.

Ein likörartiger französischer Wein passt nicht zu einem stark zuckerhaltigen Dessert. Und die Säure eines etwas lebhaften Weins wird durch ein Gericht gemäßigt, das zitronige Noten aufweist. Die Texturen (schmelzend, dicht, verschlossen, schaumig, flüssig) müssen sich gegenseitig respektieren. Ein mächtig gezimmerter Wein verlangt zum Beispiel nach geschmeidigen Saucen, die dessen Tannine aufnehmen können.

Auch beim Zusammenspiel gibt es mehrere Möglichkeiten. Der erste Typ ist der einer Verschmelzung: Im Essen wie im Wein findet man dieselben Aromen. Sie entsprechen sich und verstärken sich gegenseitig. Nehmen wir zum Beispiel einen Sabayon mit exotischen Früchten und einen Sauternes. Im Mund kann man die beiden fast nicht auseinander halten, so sehr ähneln sie sich. Eine zweite Form der Verbindung setzt eher auf die Vereinigung von Gegensätzen. In diesem Fall versucht man, die Unterschiede hervorzuheben, indem man auf ihre gegenseitige Ergänzung und Komplementarität setzt.

Stellen wir uns einen alten Pomerol mit seinen Noten nach Unterholz und Humus vor. Wir haben uns entschlossen, ihn zu einem sommerlichen Essen zu servieren. Das erscheint zunächst als schwierige Herausforderung. Doch wenn man beim Gericht auf die Frische einer Frucht in der Sauce oder als Beilage, zum Beispiel als gedünstete Tomaten, setzt, wacht der Gaumen auf, und der Wein erscheint keinesfalls fehl am Platz.

Es bleiben nur noch einige Fragen nach der Abfolge des Essens übrig. Die Aufeinanderfolge

POUILLY-FUMÉ

Verschiedene geräucherte Fische
Assiette de poissons fumés

AOC
Pouilly-Fumé
Region
Loire
Weißwein
Anbaufläche
1000 ha
Rebsorte
Sauvignon

Lachs, Heilbutt, Hering: Geräuchert haben diese Fische einen starken Geschmack mit feinem Holzaroma. Nur wenige Weine halten dieser aromatischen Intensität stand.

Ein Teller mit geräucherten Fischen ist ein Vergnügen für alle Sinne: Die fein geschnittenen durchscheinenden Scheiben verströmen einen ausgeprägten Duft, in dem der Kenner das Aroma verschiedener verbrannter Holzarten wie von Eiche oder Wacholder entdeckt. Und im Mund entfalten sich langsam die verschiedenen Aromen des weichen schmelzenden Fleisches.
Die Skandinavier und die Russen trinken zum Räucherfisch bekanntlich eiskalten Aquavit oder Wodka. Die Idee ist nicht schlecht: Die Verbindung ergibt einen starken Kontrast. Ich ziehe eher einen Weißwein vor, der nicht zu rund und auch nicht zu fett sein sollte, damit keine Rivalität zwischen den beiden Texturen entsteht, die dem Ganzen schaden würde. Für mich stellt ein ganz trockener Weißwein, der fast kalt serviert und von Frische und einer mineralischen Note dominiert wird, die ideale Lösung dar. Ein Sancerre würde sehr gut passen, aber einer seiner Nachbarn, der Pouilly-Fumé, stellt zu Räucherfisch eine noch bessere Verbindung her. Das habe ich schon vor zwanzig Jahren bei einem Besuch im Anbaugebiet entdeckt. Die Produzenten reichten zu ihrem Wein Austern, kleine Stückchen Andouillette und – was mich besonders überzeugte – dünne Scheiben von leicht geräuchertem Lachs aus der Loire. Der lebhafte, nervige, fast schneidende Pouilly-Fumé weist von seinem Terroir her einen Feuersteingeschmack auf. Gleichzeitig bringt er mit seiner Fruchtigkeit die ganze üppige Vielfalt seiner Rebsorte, des Sauvignon, zum Ausdruck. Man erkennt das leicht an seinem Duft nach frischen Trieben der Schwarzen Johannisbeeren und an den zitronenartigen Noten. Um ein perfektes Gleichgewicht zu erhalten, sollte der Wein eher jung sein. Ältere Pouilly-Fumés verlieren etwas ihre erfrischenden Eigenschaften, gewinnen dabei aber an aromatischer Komplexität: Sie werden irgendwie ausgeglichener, runder und voller. Dann passen sie gut zu Hecht- oder Zanderklößchen mit Spargelspitzen.

Zu geräucherten Fischen
Sancerre
Menetou-Salon
Trockener Riesling von der Mosel
Neuseeländischer Sauvignon
Junger Champagner Blanc de Blancs
Aquavit oder Wodka

Zu einem Pouilly-Fumé
Alter 1 bis 4 Jahre:
Salat aus Meeresfrüchten (Jakobs- und Miesmuscheln)
Fischterrine mit jungem Gemüse
Hummer oder Languste gegrillt, mit etwas Zitronenöl
Alter 4 bis 10 Jahre:
Spargel (kalt)
Hecht- oder Zanderklößchen mit Butter-Schalotten-Sauce
Ziegenkäse, trocken (Chavignol de Sancerre)

Die Wahl des Sommeliers
Château de Tracy
Didier Dagueneau
Domaine Redde
Domaine des Berthiers Dagueneau
Maison Guy Saget

CASSIS Blanc

Terrine aus weißen Fischen mit Aïoli-Sauce

Terrine de poissons blancs à l'aïoli

AOC
Cassis
Region
Provence
Weißwein
Die AOC umfasst auch 5 % Rotweine und 25 % Rosés.
Anbaufläche
123 ha für Weißwein, insgesamt 170 ha
Rebsorten
Hauptsorten: Marsanne und Pascal
Nebensorten: Ugni Blanc, Clairette, Doucillon

Der erste Schritt besteht darin, die verschiedenen Zutaten der Terrine harmonisch aufeinander abzustimmen. Der Wein muss das feste Fleisch der Mittelmeerfische, den süßen Geschmack des Gemüses und den Knoblauchgeschmack der Sauce respektieren.

Für die Terrine nimmt man verschiedene Fische wie Seewolf, Gold- und Rotbrasse sowie eine Julienne aus knackigen Karotten und Lauch, damit ein Gegensatz entsteht zur flüssigen Sauce.
Ich empfehle für dieses Gericht eine nicht zu kräftige Sauce, damit der Knoblauch den Gaumen nicht lahm legt. Es empfiehlt sich ein eher junger geschmeidiger Wein, der die Festigkeit des Fischfleisches ausgleicht und der mit seiner mineralischen Note den Knoblauch zähmt. Man sollte ihn kühl bei rund 9 °C servieren. Er wird der Süße des Gemüses Relief geben. Hier fällt meine Wahl ohne Zögern auf einen Cassis Blanc.
Ich liebe den Cassis Blanc. Zunächst weil ich aus der Provence stamme und dieser originelle Wein es verdient, besser bekannt zu sein. Die Lage des Weinbergs über den Calanques von Cassis und die natürliche Frische des Klimas an dieser Stelle der Küste nahe bei Marseille verleihen ihm eine einzigartige Persönlichkeit.
Man serviert ihn zu oft nur zu einer klassischen Bouillabaisse oder einer Bourride. In einem Restaurant in Cassis (wo ich tatsächlich eine Bouillabaisse bestellen wollte!) kostete ich ihn zum ersten Mal mit einer Terrine aus weißen Fischen und einer Sauce Aïoli: Diese Kombination zweier einheimischer Produkte schmeckte hervorragend. Mit seinen mineralischen Noten, die er dem Kalkboden entzieht, und seiner Frucht, die an die nahe Garrigue erinnert, kann der Cassis viele verschiedene Allianzen eingehen. Man trinkt ihn jung, im Alter von zwei oder drei Jahren, als Aperitif oder am Ende des Essens. Im Sommer begleitet er gegrillten Fisch. Im Winter liebe ich ihn zu gratinierten Jakobs- und Miesmuscheln mit Knoblauch und Petersilie.

Zu einer Terrine aus weißen Fischen mit Sauce Aïoli
Ajaccio Blanc
Savennières
Nuragus di Cagliari (Italien)
Grüner Veltliner aus der Wachau (Österreich)

Zu einem Cassis Blanc
Ziegenkäseterrine mit jungem Lauch und Tomaten in Olivenöl
Soufflé mit Meeresfrüchten
Weinbergschnecken auf provenzalische Art
Bouillabaisse und Bourride
Wolfsbarsch gegrillt über Fenchelstangen (ohne Pastis!)
Kabeljau in Ölpapier
Panierter Wittling mit Zitronen-Petersilien-Butter
Zucchinigratin, kalt oder warm
Ziegenkäse von Cassis mit Olivenöl

Die Wahl des Sommeliers
Château de Fontcreuse
Clos Sainte-Magdeleine
Clos Val Bruyère
Domaine du Bagnol
Domaine Saint-Louis

BOURGUEIL Rouge

Verschiedene Wurstsorten
Assiette de charcuteries

AOC
Bourgueil
Region
Loire
Rotwein
Die AOC umfasst auch 3 % Rosés.
Anbaufläche
1250 ha für Rotwein, insgesamt 1285 ha
Rebsorten
Hauptsorte: Cabernet Franc (örtliche Bezeichnung Breton)
Nebensorte: Cabernet-Sauvignon

Die köstlichsten französischen Wurstsorten wie Rillettes, Andouilles, Salami und roher Schinken sind oft sehr kräftig, gepfeffert und … passen längst nicht zu jedem Rotwein.

Es ist nicht so einfach, wie es den Anschein hat, eine ausgeglichene Kombination zwischen Würsten und Wein zu finden. Zunächst muss man die Stimmung berücksichtigen. Wenn man zu diesem ganz einfachen Essen einen zu komplexen Wein anbietet, verletzt das den guten Geschmack. Erwünscht ist vielmehr ein fruchtiger, durststillender, angenehmer und leichter Wein mit einer authentisch französischen Note. Und nach meiner Meinung meistert ein Bourgueil am besten alle diese Schwierigkeiten.
Mit verschiedenen Wurstsorten, der Charcuterie, ist der Bourgueil mein Lieblingswein. Ich verbinde damit einige gute Stunden, die ich in Gesellschaft des Schauspielers Jean Carmet verbrachte. Er liebte zu seiner Wurst ein Glas Bourgueil …
Es wäre falsch, diesen Wein für eher uninteressant zu halten, ganz im Gegenteil: Er schmeckt wunderbar, einfach zwar, aber mit Rasse. Er hat den Vorteil, leicht zugänglich zu sein und viele gastronomische Allianzen einzugehen. Die Harmonie entsteht zunächst durch eine Komplementarität zwischen den reichen Texturen der Wurstwaren und der fruchtigen runden Art des Weins, der nach schwarzen Johannisbeeren und Himbeeren duftet. Sie beruht aber auch – und mit großer Finesse – auf dem Vorhandensein von Gewürz- und Räuchernoten.
Das erinnert uns an ein gemütliches Kaminfeuer. Man braucht den Wein nicht in eine Karaffe zu dekantieren, und er muss auch nicht weiter umsorgt werden. Man serviert ihn eher frisch (16 °C), ab dem Alter von zwei oder drei Jahren. Er kann während eines ganzen Essens die erste Geige spielen. Da er nicht sehr körperreich ist, kann man ihn leicht zu Fisch oder Käse trinken. Er erdrückt deren Qualitäten jedenfalls nicht.

Zu verschiedenen Wurstsorten
Rotweine:
Beaujolais
Côtes du Rhône-Villages
Vin de Corse Calvi
Weißweine:
Chignin Bergeron
sowie weitere Weißweine aus Savoyen
Beaujolais Blanc
Vouvray Sec

Zu einem Bourgueil
Alter 2 bis 3 Jahre:
Flussfische:
Zander, Hecht mit Rotweinsauce
Meeraal mit Rotweinsauce
Matrosengericht aus Aalen
Hühnchen mit Kartoffeln,
Zwiebeln und Speckstreifen
Kalbsschmorbraten mit Erbsen
und Speckstreifen
Käse:
Tartiflette mit Reblochon
Brie
Ziegenkäse von der Loire:
Sainte-Maure, Pyramide de Valençay
Alter 5 bis 8 Jahre:
Rebhuhn oder Fasan im Schmortopf

Die Wahl des Sommeliers
Domaine Yannick Amirault
Domaine Druet
Domaine Gambier
Maison Lame Delisle Bouchard

BEAUJOLAIS Rouge

Geflügelleberterrine

Terrine de foie de volailles

AOC
Beaujolais
Region
Burgund
Rotwein
Die AOC umfasst auch 1 % Weißweine und 1 % Rosés.
Anbaufläche
22 500 ha für die Rotweine, insgesamt 23 000 ha
Rebsorte
Gamay

Ein frischer, Durst löschender Beaujolais vom letzten Jahr passt ohne Schwierigkeiten zu einer Terrine aus Geflügelleber. Deren schaumige Textur gleicht die flüssige Art dieses Weins aus.

Für mich stellt sich zwischen der Terrine und dem Beaujolais eine leicht rustikale Harmonie ohne zu großen Anspruch ein. Jedermann kennt diese Geflügelleberterrine mit ihrer leicht bitteren Spitze, ihrer luftigen, schaumigen Textur und den süßen Gewürznoten. Den Beaujolais selbst muss man wohl kaum vorstellen: ein Wein mit säuerlichen Noten nach Stachelbeeren, der im Mund an das saftige Fruchtfleisch von Erdbeeren oder Himbeeren erinnert.

Ende November kommt der Beaujolais Primeur auf fast alle Tische in Frankreich. Oft wird er zu verschiedenen Wurstwaren angeboten. Vor allem aber bringt er sich zur Geltung mit einer schmelzenden Terrine und einer Scheibe guten knusprigen Landbrots. Wenn der Wein kühl, aber nicht kalt ist, um 12 oder 13 °C, hat man gewonnenes Spiel, sofern die Terrine nicht zu pfeffrig ausfällt. Die Verbindung gelingt nur, wenn die süßen Noten überwiegen.

Der Beaujolais verdient viel mehr Aufmerksamkeit als die vorbeigehende Welle des Primeur zu Jahresende. In diesem Wein findet die Gamay-Rebe zu ihrem edelsten Ausdruck, und die zehn Crus des Beaujolais ergeben sehr elegante Weine. Ich konnte schon mehrmals einen zehnjährigen Morgon oder Saint-Amour probieren. Diese Weine haben kaum etwas mit dem zu tun, was man vereinfachend und oft etwas abwertend »Beaujolais« nennt. Sie werden bei 16 °C serviert und passen zu anspruchsvolleren Gerichten wie Federwild – etwa gebratenem Fasan oder Rebhuhn.

Zu Geflügelleberterrine
Côtes du Forez
Côte Roannaise
Saint-Pourçain
Vin de Savoie Gamay
Bugey Gamay
Grignolino del Piemonte (Italien)

Zu einem Beaujolais
Wurstwaren: Pâtés, Rillettes, Salami
Gegrillte Andouillette
Gebratenes Hähnchen oder Perlhuhn mit einer Ratatouille aus frischem Gemüse
Ziegenkäse: Boutons de Culotte aus dem Mâcon- und Beaujolais-Gebiet
Desserts mit roten Früchten: Fruchtsuppe (Erdbeeren, Kirschen, Himbeeren) mit einem Erdbeersorbet

Die Wahl des Sommeliers
Domaine des Terres Dorées
Domaine Pivot Jean-Charles
Domaine Croix Charnay
Domaine Piron
Maison Dubœuf

SAVIGNY-LÈS-BEAUNE Rouge

Gekochter Schinken in Petersilienaspik

Jambon persillé

AOC
Savigny-lès-Beaune
Region
Burgund
Rotwein
Die AOC umfasst auch 10 % Weißwein.
Anbaufläche
315 ha für Rotwein, insgesamt 350 ha
Rebsorte
Pinot Noir

Diese typische Spezialität aus dem Burgund lässt sich schwieriger mit einem Wein verbinden, als man zunächst denkt. Der Grund liegt in den etwas heterogenen Elementen, aus denen das Gericht zusammengesetzt ist: Fleischstücke, Kräuter mit starkem vegetabilischem Geschmack und der halb feste, halb flüssige Aspik.

Das ist eine ziemlich schwierige Verbindung: Der vegetabilische Geschmack des Gerichts bringt einen in der Regel dazu, einen frischen, eher säuerlichen Wein zu wählen. Die komplexe Textur mit der etwas flüssigen Natur der Sülze spricht sich gegen einen zu dichten Wein aus. Es geht also darum, einen Wein zu finden, der nicht zu sehr erdrückend wirkt. Der Schinken selbst sollte nicht zu stark hervortreten: zu viel Knoblauch oder Pfeffer zerstören das Gleichgewicht. Die Delikatesse des dichten, schmelzenden Fleisches muss zunächst unter dem Geschmack der Petersilie und der anderen Kräuter im Aspik verborgen bleiben. Zu einem solchen Gericht verbietet sich also eindeutig ein tanninreicher oder mächtiger Rotwein. Deswegen serviert man in Burgund in der Regel diesen Schinken zu einem Glas Weißwein.

Zu Beginn der achtziger Jahre entdeckte ich bei einer Verkostung bei Simon Bize in Savigny diese etwas unerwartete Verbindung mit einem Rotwein. Er ließ mich seinen Savigny-lès-Beaune mit einem selbst zubereiteten Kochschinken in Petersilienaspik kosten. Zwischen den beiden Elementen herrschte eine vollkommene Harmonie.

Ich liebe die Einzigartigkeit des Savigny sehr, der auf teilweise vulkanischen Böden wächst. Der Wein ist reintönig, weich und elegant, zeigt Noten nach frischen Himbeeren, gerade die richtige Menge Tannine, ist ziemlich flüssig, ohne verdünnt zu wirken. Die gesamte Originalität des Savigny steckt darin. Er hält pochierten Eiern ebenso stand wie gebratenem Fleisch. Mit dem Petersilienschinken wähle ich einen noch jungen rund fünfjährigen Savigny, den ich bei 17 °C serviere.

Zu einem Schinken in Petersilienaspik
Chablis Premier Cru
Pouilly-Fuissé
Pernand-Vergelesses Blanc

Zu einem Savigny-lès-Beaune Rouge
Alter 3 bis 5 Jahre:
Pilzravioli mit Kräutern und Winzersauce
Pochierte Eier mit Weinsauce
Zander mit roter Butter, frischen Tagliatelle und Pilzen mit Knoblauch und Petersilie
Gegrillte Tunfischscheibe mit Kräutern
Lammkeule am Spieß
Schinken am Spieß mit Winzersauce
Käse: Tomme du Morvan, frischer Soumaintrain, Chaource
Alter über 10 Jahre:
Filetspitzen vom Schwein mit Karotten und Kümmel

Die Wahl des Sommeliers
Daniel Largeot
Domaine Chandon de Briailles
Domaine Rapet
Domaine Simon Bize et Fils

1999

PACHERENC DU VIC-BILH Moelleux

Entenstopfleberterrine
Foie gras de canard en terrine

AOC
Pacherenc du Vic-Bilh
Region
Südwest-frankreich
Lieblicher Weißwein
Die AOC umfasst auch 40 % trockenen Weißwein.
Anbaufläche
220 ha insgesamt
Rebsorten
Hauptsorten (örtliche Sorten): Arrufiac, Petit und Gros Manseng, Courbu Nebensorten (Bordelaiser Sorten): Sauvignon, Sémillon

Ich liebe Entenstopfleber in Form einer Terrine mit etwas grobem Meersalz und einer kleinen fruchtigen Beilage, etwa Pflaumenchutney, getrockneten Apfelscheiben oder Quittengelee. Dazu trinke ich einen Wein, der Süße und Frische miteinander verbindet.

Im Südwesten Frankreichs ist die Entenstopfleber ein sehr beliebtes Gericht. Besonders die Verbindung mit einem likörartigen Wein ist in der Tradition stark verankert. Das Gericht selbst hat die regionalen Grenzen schon längst überschritten. Nichts passt zur geschmeidigen Textur der Entenstopfleber mit ihrem etwas wilden Geschmack, ihrer leicht bitteren Spitze und ihren Gewürznoten besser als ein likörartiger Wein, der aber nicht zu viel Zucker enthalten darf. Er muss bei allen Noten nach eingemachten Früchten noch eine gewisse Frische beibehalten.
Mein erster Besuch in der Umgebung von Madiran geht auf das Jahr 1984 zurück. Ich wollte dort Rotwein probieren und übernachtete in einem ländlichen Gasthof. Beim Abendessen stellte die Besitzerin eine ganze Terrine auf meinen Tisch … Ich wollte einen Sauternes dazu trinken. Madame protestierte laut und vernehmlich und schlug mir einen örtlichen Wein vor, den Pacherenc du Vic-Bilh. Er erwies sich als Offenbarung: Dieser liebliche Wein ohne übermäßigen Zuckergehalt, der im Tal des Adour aus einheimischen Rebsorten produziert wird, ist von bemerkenswerter Geschmeidigkeit, behält aber eine erstaunliche Frische bei. In ihr erkennt man Fruchtaromen, etwa von Apfel, Birne, Pflaume usw.
Der Pacherenc du Vic-Bilh steht dem Jurançon nahe und ist einfacher als der Sauternes. Er besitzt aber die Raffinesse eines großen likörartigen Weins und passt sehr gut zur Entenstopfleber. Ganz jung liebe ich ihn zu frischen Früchten. Zu Stopfleber sollte er fünf Jahre alt sein. Ich serviere ihn um 10 °C, damit er nichts von seiner Frische verliert. In höherem Alter passt der Pacherenc vorzüglich zu einigen Desserts, vor allem wenn sie Trockenfrüchte enthalten.

Zu Entenstopfleber
Jurançon Moelleux
Sauternes
Barsac
Cérons
Alsace Tokay-Pinot Gris Sélection de Grains Nobles
Constantia (Südafrika)

Zu einem Pacherenc du Vic-Bilh Moelleux
Schafskäse mit Blauschimmel
Sorbets: Mango, Ananas, Apfel, Birne, Banane, Litschi
Nougateis
Patisserie mit Trockenfrüchten (Pistazien, Mandeln, Haselnüsse)
Mandelkuchen

Die Wahl des Sommeliers
Château Bouscassé
Château d'Aydie
Château Laffitte-Teston
Producteurs de Plaimont

CONDRIEU

Lauwarmer Spargel mit Gribichesauce

Asperges tièdes sauce gribiche

AOC
Condrieu
Region
Rhônetal
Trockener Weißwein
Die AOC umfasst auch liebliche Weißweine.
Anbaufläche
100 ha
Rebsorte
Viognier

Das Gericht weist große Kontraste auf. Die faserige Textur, der vegetabilische Geschmack und die wässerige Konsistenz des Spargels stehen in einem starken Gegensatz zur Sauce mit ihrem ausgeprägten Geschmack, die man eher selten zu diesem Gemüse reicht. Dazu passt ein runder, geschmeidiger Wein.

Für den Weinliebhaber, der ich nun mal bin, stellt Spargel stets eine Herausforderung dar! Damit Gericht und Wein zusammenpassen, muss man alle Einzelheiten berücksichtigen: Wird der Spargel als Hauptgericht oder als Beilage serviert? Warm oder kalt? Mit einer Vinaigrette, einer Mayonnaise, einer Sauce? Bei zahlreichen Experimenten musste ich immer wieder feststellen, dass der Geschmack dieses Gemüses bei den meisten Weinen eine ziemlich unangenehme metallische Note erzeugt. Schließlich stieß ich auf die erstaunliche Kombination zwischen lauwarmem Spargel, Gribichesauce und dem Condrieu.

Feinschmecker wissen schon lange, dass der Condrieu zu den wenigen Weinen gehört, die mit Spargel eine gute Verbindung eingehen. Dieses kleine Wunder aus dem Rhônetal wird aus der Rebsorte Viognier gewonnen. In der trockenen Variante wird der Wein zu Beginn eines Essens serviert. Er schmeichelt und beißt gleichzeitig, und in seiner aromatischen Palette explodieren Düfte nach Früchten (frische Trauben, Aprikosen) und Blüten (Veilchen), die die vegetabilischen Noten dieses Gemüses mäßigen.

Ich liebe den Condrieu zu Spargel mit Trüffelvinaigrette oder mit einer Schaumsauce mit Zitrusfrüchten. Dann probierte ich eines Tages grüne Spargelspitzen mit einer Gribichesoße, die ursprünglich für ein anderes Gericht vorgesehen war! Die Idee war ein bisschen gewagt, weil die Sauce so viele Zutaten enthält. Sie weist auch eine ganz besondere Konsistenz auf: Sie ist gleichzeitig geschmeidig (eine Emulsion), körnig (zerkleinertes gekochtes Eiweiß), und knackig, da das Gewürz in winzigen Stückchen beigegeben wird. Trotz dieser Komplexität passt ein zwei- oder dreijähriger Condrieu vorzüglich dazu. Er ist schön rund und geschmeidig, behält aber doch seine Frische bei.

Zu Spargel
lauwarm, mit Gribichesauce:
Chablis Premier Cru
Pessac-Léognan Blanc
Alsace Muscat Sec
Savennières
kalt:
Alsace Riesling
Pouilly-Fumé
Sauvignon von Awke's Bay (Neuseeland)
Riesling aus der Wachau (Österreich)

Zu einem Condrieu
Alter 2 bis 3 Jahre:
Toastbrot mit Garnelenbutter, als Vorspeise
Harte Eier »Mimosa«
Gebratener Zanderrücken, Risotto mit Spargelspitzen
Hechtklößchen mit Krebssauce und weißem Reis
Alter 5 bis 7 Jahre:
Hähnchen mit Flusskrebsen

Die Wahl des Sommeliers
Domaine Cuilleron
Domaine Vernay
Domaine Gaillard
Domaine Perret
Domaine Villard

VIN DE SAVOIE CHIGNIN BERGERON

Weinbergschnecken mit Kräutern und Knoblauch

Escargots aux herbes et à l'ail

AOC
Vin de Savoie Chignin Bergeron
Region
Savoyen
Weißwein
Anbaufläche
1725 ha insgesamt für die AOC Vin de Savoie
Rebsorte
Roussanne, örtliche Bezeichnung Bergeron

Man wirft der Weinbergschnecke oft vor, sie hätte kaum einen Geschmack und sei nur wegen der sie begleitenden Gewürze interessant. Man muss sich aber davor hüten, sie mit zu viel Knoblauch zu erschlagen. Man sollte vielmehr mit einem mineralischen Wein deren verborgenen Geschmack aufdecken.

Die Weinbergschnecke hat eine besondere Textur: Einige nennen sie gummig, und das schmeckt nicht jedermann. Es gibt mehrere Arten der Zubereitung: in Blätterteig, in einer Kräutersauce oder – häufiger – mit Knoblauch- und Petersilienbutter. Bei einer Variante dieser Art hackt man Petersilie mit etwas Sauerampfer und gibt dann Butter und Knoblauch hinzu. Dieser spielt hier eine wichtige Rolle: Er muss in genügender Menge vorhanden sein, um die Geschmackspapillen zu reizen, aber gleichzeitig auch diskret genug, um nicht den ganzen Mund lahm zu legen. Unter diesen Bedingungen kommen die Kräuter, die Weinbergschnecken und der Wein zu einem gelungenen Zusammenspiel.
Es wäre ein Fehler, dieses Gericht mit einem zu platten, zu alten, zu alkoholreichen und auch zu warmen Wein zu begleiten. Man muss vielmehr eine Verbindung mit einem frischen und noch von seiner Frucht gekennzeichneten Wein suchen. Ich war noch ein ganz junger Schüler an der Hotelfachschule von Grenoble, als ich mich mit den Weinen Savoyens beschäftigte. Zum Chignin Bergeron, einem bekannten Weißwein mit guter Textur, einer hübschen Länge und nicht allzu großem Körperreichtum, passten damals nur wenige Gerichte wirklich gut.
Mit Weinbergschnecken allerdings ergab sich eine Harmonie, die sich einem sofort erschloss: Der Wein war noch jung, mit Obstnoten (Birne und Aprikose), leicht säuerlich, durchaus von einer gewissen Fülle und Mineralität. Später blieb ich dieser Kombination zwischen Weinbergschnecken und Chignin Bergeron treu, sofern der Wein keinen Holzton aufweist und bei 8 oder 9 °C serviert wird – dann passt er allerdings perfekt.

Zu Weinbergschnecken mit Kräutern
Weißweine:
Mâcon-Villages
Rotweine:
Alsace Pinot Noir
Menetou-Salon
Irancy
Bourgogne Epineuil
Weine aus der Vendée

Zu einem Vin de Savoie Chignin Bergeron
Wurstwaren aus Savoyen, Schinken und Würste aus dem Gebirge
Raclette und Käseküchlein
Käse: Tomme de Savoie, Reblochon

Die Wahl des Sommeliers
Domaine André et Michel Quénard
Domaine Raymond Quénard
Domaine Louis Magnin

CHÂTEAU-CHALON

Blätterteigkuchen mit Comtékäse und Walnüssen

Tourte au comté et aux noix

AOC
Château-Chalon
Region
Jura
Weißwein
Vin Jaune
Anbaufläche
45 ha
Rebsorte
Savagnin

Die Kunst besteht hier darin, das richtige Gleichgewicht zwischen den mächtigen Aromen des warmen Käses, der leichten Bitterkeit der Walnüsse und der Fülle des Blätterteigs zu finden. Der Wein muss ein Gegengewicht bilden zur Intensität dieses scheinbar ganz einfachen Gerichts.

Noch bevor ein solcher Käsekuchen auf den Tisch kommt, erfüllt er die Luft mit seinen Düften. Zunächst sieht er geheimnisvoll aus, weil er von außen nichts erkennen lässt. Nur langsam gibt er seine Geheimnisse preis. Der erste Kontakt findet über den knusprigen, fast glänzenden Blätterteig statt, dann entdeckt man das Innenleben, das mit seiner Textur an eine dicke Bechamelsauce erinnert. Die Nussstücke lockern die Struktur auf. Die extreme Vielfalt der Empfindungen angesichts des betörenden Gerichts nimmt bei der Begegnung mit dem Wein noch zu. Um alle Elemente in Einklang zu bringen, reicht es nicht aus, nur auf der Geschmacksebene einen Zusammenklang zu finden. Auch das Volumen muss berücksichtigt werden. Der erste Bissen dieses Kuchens hinterlässt den Eindruck, dass er den ganzen Mund ausfüllt. Nur ein sehr voller Wein mit außergewöhnlicher Nachhaltigkeit findet Mittel und Wege, um hier noch Platz zu finden.

In diesem Sinne können sich meiner Meinung nach nur die so genannten Vins Jaunes des Jura, allen voran der Château-Chalon, dieser Herausforderung stellen. Ich entdeckte diese Weine, als ich mit meiner Tätigkeit als Sommelier begann, und ich fand sie betörend. Diese Weine aus der Savagnin-Rebe lagern sechs Jahre und drei Monate in Holzfässern, ohne in dieser Zeit jemals aufgefüllt zu werden. An der Oberfläche entwickelt sich die Kahmhefe, die dem Wein einen sehr eigenartigen, sherryähnlichen Ton verleiht. Man braucht Zeit, um diese Weine schätzen zu lernen. In der Flasche lässt man sie ca. zehn Jahre lang lagern. Schließlich kann man mit ihnen aber einen ganzen Abend verbringen: Man schnuppert immer wieder an ihnen, probiert sie mit kleinen Schlucken und kann nach dem Essen ohne weiteres weitertrinken.

Der Château-Chalon ist der große Herr unter den Vins Jaunes. Dicht und delikat, mächtig und duftig weist er einen Duft nach Curry und Zitrusfrüchten, nach Honig und getrockneten Rosenblättern auf. Trotz der langen Lagerzeit wirkt er aber sehr sauber, entschieden, fast streng. Er besitzt Komplexität, Fülle und wirkt präsent. Mit seinem Alkoholreichtum bildet er einen fast vollkommenen Ausgleich zum mächtigen Geschmack des warmen Käses. Und wenn man aus dieser Vorspeise ein Hauptgericht machen will, reicht es aus, dem Kuchen einige Würfel Räucherschinken hinzuzufügen.

Zu einem Blätterteigkuchen mit Comtékäse und Walnüssen
Arbois Jaune
L'Étoile Jaune
Côtes du Jura Jaune
Gaillac Vin de Voile
Sherry Fino (Spanien)

Zu einem Château-Chalon
Andalusischer Gazpacho
Kleine Langostinos, gebraten mit Curry auf Spinatbett, Sesamziegel
Bresse-Poularde mit Vin Jaune
Kalbsragout mit Curry
Fleischcurry mit Früchten (Mandelsplitter, Ananas) und Reis

Die Wahl des Sommeliers
Domaine Jean-Marie Courbet
Domaine Jean Macle
Domaine Jacques et Barbara Durand-Perron

POMEROL

Blätterteigpastetchen mit Stopfleber und Trüffeln

Chausson de foie gras truffé

AOC
Pomerol
Region
Bordeaux
Rotwein
Anbaufläche
800 ha
Rebsorten
Hauptsorten:
Merlot, Cabernet-Sauvignon
Nebensorten:
Cabernet Franc, Malbec

Dieses Gericht ist eine absolute Leckerei, ein aromatisches Wunder, bei dem der Duft der Trüffel die Oberhand über alle anderen Düfte behalten muss.

Trüffel sind selten und sehr teuer: Nichts liegt deshalb mehr auf der Hand, als sie mit einem gleichwertigen, unerhört raffinierten Wein zu begleiten. Einer der größten französischen Köche, Marc Meneau, hat mich auf dieses außergewöhnliche Gericht aufmerksam gemacht: Ein Pastetchen aus wundervollem Blätterteig, absolut leicht, das in seinem Inneren einen Trüffel und gleich viel Gänsestopfleber enthält, damit das Ganze etwas Weiches bekommt. Das Gericht ist ein Fest für die Nase, die Luft erfüllt sich mit dem flüchtigen Duft des Pilzes und der Gänseleber. Man ist fast schon satt, noch bevor man gekostet hat... und obwohl sich Marc Meneau im Burgund in der Nähe von Vézelay niedergelassen hat, servierte er mir dazu einen Bordeauxwein, einen schon gereiften Pomerol. Die Kombination ist absolut gelungen, da der Wein selbst einen Trüffelduft verströmt.
Trüffel und Pomerol bilden ein wohl bekanntes Paar, und die Kombination ist fast immer glücklich Die intensive Delikatesse des Pilzes spiegelt sich im Duft wider, den der Wein bei der Alterung entwickelt. Der Akkord erinnert mit absoluter Logik an Festlichkeiten, Eleganz und Subtilität. Durch die Pastete kommen noch die Geschmeidigkeit der Stopfleber und die luftige Textur des Blätterteigs dazu. Diese verschiedenen Elemente müssen klug dosiert werden, um nicht den Duft nach Unterholz und Tabak zu verdecken, den ein großer Pomerol verströmt. Deswegen sollte man einen schon entwickelten, zehn bis fünfzehn Jahre alten Wein wählen, den man vor dem Servieren bei 17 bis 18 °C in eine Karaffe dekantiert.

Zu Blätterteigpastetchen mit Stopfleber und Trüffeln
Rotwein:
Châteauneuf-du-Pape, etwas gealtert (10 Jahre)
Leicht liebliche Weißweine:
Jurançon Vendanges Tardives
Petite Arvine (Wallis, Schweiz)

Zu einem Pomerol
Gebratene warme Gänsestopfleber
Trüffel in der Asche
Marokkanische Taubenpastilla
Federwild: Fasan, Wildtaube, Schnepfe im eigenen Saft oder im Teigmantel
Tournedos Rossini mit Steinpilzen
Käse: Cantal
Kuchen mit Milchschokolade, Kastanieneis

Die Wahl des Sommeliers
Clos du Clocher
Château L'Église-Clinet
Château Lafleur
Château La Conseillante
Château Croix de Gay
Château Le Bon Pasteur
Château Mazeyres
Château Petit-Village
Château Trotanoy
Vieux Château Certan

ALSACE Riesling

Verschiedene Meeresfrüchte

Plateau de fruits de mer

AOC
Alsace Riesling
Region
Elsass
Trockener Weißwein
Die AOC umfasst auch liebliche Weine.
Anbaufläche
3350 ha
Rebsorte
Riesling

Ein Teller mit verschiedenen Meeresfrüchten wirkt deshalb so attraktiv, weil er uns die unterschiedlichsten Sinneseindrücke bietet. In einer derart guten Gesellschaft muss der Wein der bemerkenswerten Vielfalt Rechnung tragen.

Ein hübscher Teller mit Meeresfrüchten muss den Gästen auch eine richtige Auswahl bieten. Natürlich zunächst Austern, auch sie von verschiedenen Sorten: »grasses« oder auch nicht, »plates« oder »creuses«, Fines de claires oder Belons. Dazu kommen weitere Schaltiere, etwa rohe Miesmuscheln, Jakobsmuscheln, Venusmuscheln, Turbanschnecken, Garnelen und Langustinen. Der Reichtum an Geschmack und Textur freut den Feinschmecker, erschwert aber die Suche nach dem richtigen Wein. Meeresfrüchte verlangen nach einem fruchtigen, vorzugsweise trockenen Weißwein mit mineralischen Noten. Man sollte zu runde, zu holzbetonte oder zu alte Weine meiden. Es gibt zahlreiche Möglichkeiten, doch die meisten passen zu einer ganz bestimmten Sorte von Meeresfrüchten besser als zu anderen.

Ich meinerseits halte mich fast immer an einen Riesling aus dem Elsass. Diese Wahl stammt aus der Zeit, als ich als junger Sommelier in der Brasserie Lorraine in Paris arbeitete. Jeden Tag gab es Meeresfrüchte, und so konnte ich die Harmonie mit zahlreichen verschiedenen Weinen ausprobieren. Der Riesling hat zahlreiche Vorteile: Er stammt von einer edlen Rebsorte, der Wein hat Eleganz und Rasse mit unleugbarer Persönlichkeit. Er besitzt noch eine andere seltene Qualität: Er stellt sich in den Dienst des Essens. Man serviert ihn kühl, bei 7 oder 8 °C, und eher jung. Er liebt die Säure und die runde Frische einer Auster von der Sorte »grasse« ebenso wie die mineralische Note einer Fine de claires, die Festigkeit des Fleisches einer Turbanschnecke ebenso wie die etwas weiche Zartheit einer rohen Miesmuschel. Meiner Meinung nach ist der Riesling aus dem Elsass einer der wenigen Weine, die mit den verschiedenartigsten Meeresfrüchten in vollkommener Harmonie stehen.

Zu verschiedenen Meeresfrüchten
Weißweine:
Chablis
Muscadet
Sancerre
Entre-Deux-Mers
Coteaux du Languedoc
Picpoul-de-Pinet
Chenin von Paarl (Südafrika)
Rotweine:
Saint-Nicolas-de-Bourgueil
Alsace Pinot Noir (jung)

Zu einem Alsace Riesling
Austern, roh
Boudin Blanc (eine weiße Wurst)
Elsässer Wurstwaren, warme Würste
Elsässer Sauerkraut
Zu einem Alsace Riesling Grand Cru
Hummer in Sahnesauce
Fische (Wolfsbarsch, Steinbutt, Petersfisch) in Zitronenbutter

Die Wahl des Sommeliers
Domaine Ostertag
Domaine Schueller
Maison Léon Beyer

MUSCADET DE SÈVRE-ET-MAINE

Miesmuschelsuppe

Mouclade

AOC
Muscadet de Sèvre-et-Maine
Region
Loire
Weißwein
Anbaufläche
13 000 h für alle Ursprungsbezeichnungen, die »Muscadet« im Titel tragen
Rebsorten
Melon Blanc, örtlich Muscadet genannt

Eine Variation eines Themas, das den Südwestfranzosen heilig ist: die Zubereitung der Miesmuschel. Für die Miesmuschelsuppe nach der Art von Nantes verwendet man einige Zutaten. Sie müssen aber im Hintergrund bleiben, um den stark jodhaltigen Geschmack dieser Weichtiere nicht zu übertönen. Und diesen Meeresgeschmack muss auch der Wein respektieren.

Es gibt tausend verschiedene Arten der Zubereitung von Miesmuscheln. Diese Muschelsuppe stellt einen wahren Augenschmaus dar: In dieser bunten Fantasie steht das Gelborange des Muschelfleisches neben dem schillernden Schwarz der Muschelschalen, dem hellen Ton der Buttersauce und dem Grün des Petersiliensträußchens. Aber Vorsicht: Die Sauce kombiniert auf harmonische Weise Knoblauch und Petersilie, Butter und Salz, Curry, ggf. auch Crème Fraîche und Weißwein, doch darf sie die Muscheln darunter nicht ertränken. Man muss sie vielmehr so zurückhaltend gestalten, dass der Meeresgeschmack dieses Gerichts erhalten bleibt.

Es ist vor allem dieser deutliche Jodgeschmack, der zu einem sehr trockenen und nicht zu mächtigen Weißwein rät. Hervorragend passt der Muscadet, den man in der Regel jung und ganz frisch trinkt. Durch diesen perfekten regionalen Akkord wird auch der Jodgeschmack des Gerichts verstärkt. Der Wein selbst kann ihn ebenfalls aufweisen, weil einige Weingärten dieser Ursprungsbezeichnung direkt am Atlantik liegen.

Das Gebiet des AOC Muscadet ist zu weit gefasst, als dass alle dort wachsenden Weine ein exzellentes Niveau erreichen könnten. Doch dank der Anstrengungen mancher Winzer ist ihr Muscadet besser als sein Ruf. Gewisse Jahrgänge kann man sogar lagern. Diese Erfahrung machte ich schon 1983, als ich als ganz junger Mann meinen Wehrdienst in der Region ableistete. Mein Vater besuchte mich und lud mich in das Restaurant Villa Mon Rêve in Nantes ein. Der Besitzer hatte eine hübsche Sammlung alter Jahrgänge, und ich erinnere mich mit Vergnügen an einen Muscadet 1961, der uns mit einem gekochten Hummer im eigenen Sud serviert wurde.

Zu einer Miesmuschelsuppe
Pouilly-sur-Loire
Vin de Savoie Ripaille
Bordeaux Blanc Sec
Weißweine aus der Vendée

Zu einem Muscadet
Alter 2 bis 3 Jahre:
Aperitif
Geschälte Garnelen
Austern, roh
Alter 5 bis 6 Jahre (bei guten Jahrgängen):
Zander oder Hecht mit Butter-Schalotten-Sauce

Die Wahl des Sommeliers
Château de la Preuille
Château La Ragotière
Domaine de l'Écu
Domaine de la Louveterie
Domaine Luneau Papin

CÔTES DE PROVENCE Rosé

Frische Seeigel

Oursinade

AOC
Côtes de Provence
Region
Provence
Rosé
Die AOC umfasst auch 15 % Rotweine und 5 % Weißweine.
Anbaufläche
15350 ha für Rosé, insgesamt 19200 ha
Rebsorten
Hauptsorten: Grenache, Cinsault, Syrah, Mourvèdre
Nebensorten: Tibouren, Carignan, Cabernet-Sauvignon

Alle Provenzalen hängen an der Tradition der Oursinade: Es ist nichts anderes als das Verkosten roher Seeigel auf dem Meer. Man begibt sich mit dem Schiff in die Calanques von Marseille, Cassis oder Carry, sammelt dort Seeigel und isst sie ganz frisch ...

Seeigel sind ein seltenes, delikates Essen. Nur wenige haben die Gelegenheit, sie selbst zu fangen. Auf Märkten außerhalb des Fanggebietes sind sie nicht mehr anzutreffen. Doch was für ein Fest, wenn man sich noch welche beschaffen kann! Für mich, der ich aus der Provence stamme, ist das Innere von Seeigeln ein Fest für alle Sinne. Ich liebe den orangefarbenen, mehr oder minder dunklen Farbton, ich mag die Textur der zahlreichen kleinen Eier mit ihrem feinen, an Jod gemahnenden Geschmack …

Ich mag fast keine Weißweine zu Seeigeln: Sie trennen die einzelnen Eier des Körperinneren (corail) im Mund auf. Ein etwas voller Rosé passt hier viel besser. Die Provence ist in der Tat die Heimat der Rosés, und man beherrscht ihre Herstellung schon seit langem. Man unterscheidet zahlreiche Ursprungsbezeichnungen: Bandol, Palette, Coteaux varois oder Côtes de Provence.

Mein Lieblingswein zusammen mit Seeigeln bleibt ein zarter Côtes de Provence, der hauptsächlich aus den Rebsorten Cinsault und Syrah gekeltert wird. Trotz einer gewissen Wärme bleibt dieser Wein luftig, fruchtig und säuerlich. Die mineralischen Noten und die Noten nach Frühlingsblumen heben den Meeresgeschmack der Seeigel hervor. Der Wein muss jung und frisch getrunken werden: Auf dem Schiff holt man die Flasche aus dem Eiskübel, und man freut sich zunächst am Anblick der kalten Wassertropfen auf der beschlagenen Flasche. Und die schöne Farbe des Weins passt wundervoll zu den warmen Tönen des Corail. Oursinade und Côtes de Provence sind mehr als eine Komplizenschaft, sie erzeugen eine ganz besondere Atmosphäre!

Zu Seeigeln
Coteaux du Languedoc Rosé
Beaujolais Rosé
Marsannay Rosé
Sancerre und Loire-Rosés
Penedés Rosado (Spanien)

Zu einem Côtes de Provence Rosé
Fisch- oder Geflügelterrine mit provenzalischem Gemüse
Tintenfischsalat mit Olivenöl und Balsamico-Essig
Reissalat mit Meeresfrüchten
Salat aus gegrillten Paprika
Auberginenkaviar
Fische von der Felsküste (Rotbarbe, Goldbrasse), gegrillt
Käse: Banon auf gegrillten Brotscheiben

Die Wahl des Sommeliers
Château de Barbeyrolles
Château des Garcinières
Château les Valentine
Château Sainte Roseline
Domaine de Saint-Ser
Mas de Cadenet

PALETTE Blanc

Gebratener Hummer mit milden Gewürzen

Homard rôti aux épices douces

AOC
Palette
Region
Provence
Weißwein
Die AOC umfasst auch 25 % Rotweine und 15 % Rosés.
Anbaufläche
14 ha für Weißwein, insgesamt 36 ha
Rebsorten
Hauptsorte: Clairette
Nebensorten: Ugni Blanc, Grenache Blanc, Muscat Blanc, Terret-Bourret, Piquepoul, Aragnan, Pascal, Colembard

Das Gericht ist für seine Finesse berühmt und verlangt Können und Geduld. Die Schwanzstücke müssen vor allem sorgfältig gebraten werden. Dabei konzentrieren sich Inhaltsstoffe in der Sauce. Für diesen Hummer kommt nur ein Wein großer Klasse in Frage.

Hummer und Languste bilden ohne Zweifel die Elite der Krebstiere. Man reserviert sie in der Regel für winterliche Festmähler und nimmt sich die Zeit, die für eine delikate Zubereitung notwendig ist. Bei diesem Rezept empfehle ich, den rohen Hummerschwanz in Stücke zu schneiden und ihn dann in Olivenöl anzubraten. Die zertrümmerten Panzer werden in einer Pfanne ausgekocht: Den Sud filtert man und hebt ihn für die Sauce auf. Auch die Bratpfanne wird mit Weißwein abgelöscht – vorzugsweise mit dem Palette, den man auch bei Tisch serviert. Man gibt zur Sauce etwas Paprika, Pfeffer, Muskatnuss, Nelkenpulver und Zimt und bindet alles mit Crème fraîche. Auf diese Weise zubereitet, behält der Hummer seine gesamten Qualitäten: Sein Fleisch bleibt fest, und die Sauce respektiert den Geschmack des Hummers und hebt ihn hervor.

Dieses höchst raffinierte Gericht braucht die Komplizenschaft eines großen Weißweins. Die weißen Burgunder kommen einem sofort in den Sinn und passen auch sehr gut. Origineller ist die Wahl eines Palette: Dieser einzigartige Wein, den ich besonders liebe und der mit vielen persönlichen Erinnerungen verbunden ist, weist eine konzentrierte mediterrane Persönlichkeit auf. Seine Merkmale erhält er von seinem außergewöhnlichen Terroir in der Umgebung von Aix-en-Provence, von der Nordlage der Rebhänge, die seine Frische garantieren, vom Langesse-Kalk, der ihm eine mineralische Note verleiht, und von der Rebsorte Clairette, die in diesem Wein sicher ihren besten Ausdruck findet. Der Palette ist wegen der geringen Ausdehnung der Anbaufläche selten, und man serviert ihn zum Hummer bei rund 12 °C, damit er voll zum Ausdruck kommt und nicht bei zu geringer Temperatur verhärtet.

Zu gebratenem Hummer
Weißweine:
Châteauneuf-du-Pape Blanc
Hermitage
Rully
Puligny-Montrachet
Arbois
Pessac-Léognan
Alsace Tokay-Pinot Gris
Chardonnay aus dem Friaul (Italien)
Rueda (Spanien)
Chardonnay aus dem Maule-Tal (Chile) oder von Marlborough (Neuseeland)
Rotweine:
Es ist davon abzuraten, sofern das Gericht nicht mit einem Banyuls oder Maury abgelöscht wurde.
Côtes du Roussillon
Coteaux du Languedoc

Zu einem Palette Blanc
Salat mit Räucherfisch (Heilbutt, Forelle)
Bouillabaisse und Bourride
Kalbsmedaillons mit Paprikacreme
Hähnchen mit Knoblauchzehen

Die Wahl des Sommeliers
Château Crémade
Château Simone

PALETTE
APPELLATION PALETTE CONTRÔLÉE
OF FRANCE

CORTON-CHARLEMAGNE

Flusskrebse im kurzen Sud

Écrevisses à la nage

AOC
Corton-Charlemagne
Region
Burgund
Weißwein
Anbaufläche
50 ha
Rebsorte
Chardonnay

Flusskrebse sind heutzutage eine seltene Leckerei. Das ist schade, denn ihr Fleisch weist einen einzigartigen feinen Charakter auf. Am besten kommt er mit einem eher einfachen Rezept zum Ausdruck. Durch einen großen Weißwein wird er noch verstärkt.

Der Sud für die Flusskrebse ist nicht schwierig herzustellen: würfelig geschnittenes Gemüse (Karotten, kleine Zwiebeln), Kräuter und Gewürze (Thymian, Lorbeer, Petersilie, Knoblauch, Schalotte), etwas Weißwein und Wasser und ein paar Stücke aus der Schale einer Zitrone oder Grapefruit, um dem Sud mehr Relief zu geben. Man lässt ihn lange Zeit einkochen, bevor man die Flusskrebse hineintaucht. Beim Kochen dieser Süßwassertiere muss man vorsichtig vorgehen, damit das Fleisch seine Weichheit und Süße beibehält. Man taucht die ganzen Tiere in den Sud, selbst wenn man nachher mit den Fingern essen muss! Und das genau ist das Problem bei der Wahl eines Weines: Wie sollte man das Glas in die Hand nehmen, wenn die Finger voller Sauce sind? Es bleibt nichts anderes übrig, als abwechselnd vorzugehen: etwas Wein, einige Flusskrebse und dann wieder etwas Wein. Obwohl dieses Verfahren etwas holprig erscheint, passen der Sud der Flusskrebse und der Corton-Charlemagne außergewöhnlich gut zusammen und bilden eine raffinierte Komplizenschaft.

Das Gericht verlangt nach einem großen Weißwein, großzügig, aber nicht zu geschmeidig. Der Corton-Charlemagne, der ohne Zweifel zu den Besten der Côte de Beaune gehört, entspricht sehr gut diesen Anforderungen. Für mich ist das eine der besten Lagen in Burgund, weil der Wein ganz geradlinig und in der Zeit sehr ausgeglichen ist. Er besitzt gleichzeitig volles Aroma und Strenge, Frische und Länge, eine ausgeprägte mineralische Note und eine immense aromatische Palette. Diese Vorzüge bringt er am besten im Alter zum Ausdruck. Wenn man ihn zu jung kostet, erscheint er fast etwas mager. Für die Krebse im Sud muss der Wein mindestens fünf Jahre alt sein, und man dekantiert ihn in eine Karaffe, damit er Sauerstoff aufnehmen kann. Die Trinktemperatur liegt bei 11 °C.

Zu Flusskrebsen im kurzen Sud
Chablis Grand Cru
Chassagne-Montrachet
Pessac-Léognan Blanc
Alsace Riesling Grand Cru
Champagne Blanc de Blancs Brut Millésimé
Chardonnay von Hawke's Bay (Neuseeland, 5 Jahre alt)

Zu einem Corton-Charlemagne
Alter 5 bis 10 Jahre:
Hummer oder Languste, gekocht, in kurzem Sud
Steinbutt oder Petersfisch aus dem Ofen, Agrumensauce und weißer Reis
Seezunge Müllerin Art
Alter 10 bis 15 Jahre:
Gebratenes Bresse-Huhn und Champignonpfanne
Kalbspiccata mit Sahnesauce und milden Gewürzen
Käse: Mittelgereifter Soumaintrain mit Aprikosenhälften

Die Wahl des Sommeliers
Domaine Bonneau du Martray
Domaine Chevalier
Domaine du Pavillon
Domaine Michel Juillot

COTEAUX DU LANGUEDOC Blanc

Lauwarmes Stockfischpüree

Brandade de morue tiède

AOC
Coteaux du Languedoc
Region
Languedoc
Weißwein
Die AOC umfasst 75 % Rotweine und 13 % Rosés.
Anbaufläche
1 200 ha für Weißwein, insgesamt 10 000 ha
Rebsorten
Clairette, Grenache Blanc, Bourboulenc, Piquepoul, Marsanne, Roussanne

Stockfischpüree ist ein typisch südliches Gericht und ein Klassiker der französischen Küche. Als Gewürz verwendet man in der Regel Knoblauch. Dazu passen volle, großzügige Weine.

Von der Provence bis ins Languedoc serviert man gerne dieses Püree. Es besteht aus gewässertem, pochiertem und zerstoßenem Stockfisch, sodass schließlich daraus eine Paste entsteht. Je nach Rezept und Region ist der Knoblauch mehr oder minder stark vertreten. Man serviert das Gericht kalt oder lauwarm. Ich persönlich ziehe es lauwarm zum Aperitif vor, auf gerösteten Brotscheiben.

Das Stockfischpüree ist oft etwas salzig und fühlt sich trotz seiner faserigen Textur im Mund weich an. Es braucht neben sich einen geschmeidigen, fast fleischigen Wein, der aber nicht zu lange im Holz gelagert sein darf, besonders wenn das Gericht wenig Knoblauch enthält. In diesem Sinne nimmt man einen ziemlich jungen (zwei Jahre) Coteaux du Languedoc Blanc, der von der Textur her dem Püree standhalten kann. Die Dichte und der Alkoholreichtum des Weins verbinden sich mit dem Duft nach weißfleischigen Früchten (Birne, Pfirsich) und den anisartigen Noten der Rebsorte Grenache.

Das wahre Problem bei dieser Kombination besteht darin, dass man wissen muss, von welchem Püree und welchem Wein die Rede ist. Unter den Namen dieser Ursprungsbezeichnung verbergen sich in der Tat ganz unterschiedliche Produkte. Wird das Püree vom Duft des Knoblauchs dominiert, empfiehlt es sich, einen Coteaux du Languedoc mit einem stärkeren Holzton zu wählen oder gar einen provenzalischen Wein mit großer Persönlichkeit, etwa einen Palette Blanc. Wird das Püree kalt serviert, so hält man sich eher an andere Weine der Region, die eine stärkere mineralische Note aufweisen, etwa eine Picpoul-de-Pinet. Insgesamt gesehen ist das ziemlich schwierig mit der Brandade … Jeder muss sehen, wie er das Stockfischpüree am meisten liebt, und den Wein danach auswählen.

Zu einem Stockfischpüree
Weißweine:
Bandol
Châteauneuf-du-Pape
Patrimonio
Nuragus di Cagliari (Sardinien, Italien)
Cinque Terre (Ligurien, Italien)
Rotweine:
Vin de Pays d'Oc Merlot
Oltrepò Pavese (Lombardei, Italien)
Merlot del Ticino (Schweiz)

Zu einem Coteaux du Languedoc Blanc
Sardinen, gegrillt oder sauer eingelegt
Frittierte Kalmare
Gefüllte Sepien
Verschiedene Wurstwaren aus den Cevennen und grüne Oliven
Kabeljau mit Butter-Schalotten-Sauce
Makrelen in Weißwein mit Essiggürkchen und Koriander
Mit Stockfischpüree gefüllte Paprika
Blumenkohlgratin
Salat mit frischem Ziegenkäse aus Larzac

Die Wahl des Sommeliers
Château l'Hospitalet
Château Puech-Haut
Domaine Les Aurelles
Domaine Saint-Jean de Bebian

TURSAN Blanc

Frittierte Jungaale

Pibale

AOVDQS
Tursan
Region
Südwest-frankreich
Weißwein
Die AOC umfasst auch Rotweine und Rosés.
Anbaufläche
160 ha für Weißwein, insgesamt 460 ha
Rebsorten
Hauptsorte: Baroque
Nebensorten: Sauvignon, Gros Manseng

Die Pibale ist ein sehr seltenes Gericht geworden. Doch was für eine Leckerei, diese frittierten Jungaale mit Cayennepfeffer! Der begleitende Wein muss die Raffinesse dieser Fische berücksichtigen und gleichzeitig dem Chili standhalten.

Die Pibale ist ein südwestfranzösisches Gericht und stammt aus dem Béarn. Das Rezept ist sehr einfach: Man frittiert die Jungaale schnell in Öl und serviert sie sehr heiß. Dann gibt man etwas gemahlen Cayennepfeffer oder Chili bei. So bleibt der zarte Geschmack der Fische erhalten.
In seinem Ursprungsgebiet serviert man dieses Gericht zu einem sehr trockenen Sherry Fino, der Nussaromen entwickelt. Diese Kombination passt vorzüglich. Aber ich ziehe die stärker regional geprägte Allianz mit dem Tursan Blanc vor, der zu Unrecht verkannt wird. Der Tursan, der ebenfalls aus dem Béarn stammt, wird zu einem großen Teil aus einer ganz besonderen Rebe gekeltert, dem Baroque. Es war der Restaurantbesitzer Michel Guérard, auch er Winzer, der mich mit diesem Wein bekannt gemacht hat. Die Verbindung mit der Pibale entdeckte ich im Hôtel du Palais in Biarritz. Der Wein wirkte überzeugend: Mit den frittierten Jungaalen entsteht dabei ein regionaler Zusammenklang, wobei sich Subtilität und Kraft gegenseitig ergänzen. Der Wein muss der Finesse der Fische entsprechen und gleichzeitig auch dem Chili die Stirn bieten. Genau das leistet der Tursan mit seinem ausgeprägten Charakter.
Es gibt je nach Winzer mehrere Typen des Tursan. Mit diesem in sich schon kontrastreichen Essen ziehe ich eine Cuvée mit einem stärkeren Holzton vor. Sie hebt das Relief und spielt mit leicht oxidativen Aromen, mit viel Frische und einer sehr breiten aromatischen Palette, in der man Noten nach Birnen, Äpfeln und Zitrusfrüchten entdeckt. Der Wein zeigt Fantasie und gegenüber der Pibale auch eine gewisse Noblesse.

Zu frittierten Jungaalen
Irouléguy Blanc (Alter 4 oder 5 Jahre)
Sherry Fino (Spanien)
Jahrgangschampagner (8 bis 10 Jahre) mit leichtem Holzton
Weißer Rueda mit nicht zu starkem Holzton, eine »Crianza« (Spanien)

Zu einem Tursan Blanc
Fischtartar mit Kräutern und Zitrone auf gegrilltem Brot, als Vorspeise
Mit Zitronensaft abgelöschter Süßwasserfisch
Gebratene Geflügelbrust mit gedünsteten weißen Rübchen
Käse: Tomme des Pyrénées, Rocamadour

Die Wahl des Sommeliers
Château de Bachen
Château de Perchade
Les Vignerons de Tursan

MÂCON Blanc

Forelle mit Mandelsplittern

Truite aux amandes

AOC
Mâcon
Region
Burgund
Weißwein
Die AOC umfasst auch 75 % Rotweine.
Anbaufläche
800 ha für Weißwein, insgesamt 3300 ha
Rebsorte
Chardonnay

Der Weinliebhaber auf der Suche nach Harmonie muss Vorsicht walten lassen bei der Forelle mit Mandelsplittern. Dieser Küchenklassiker ist voller Gegensätze: Der Fisch hat eine zarte Textur, die Sauce ist voller Butter und gerösteter Nüsse.

Die Forelle mit Mandelsplittern erinnert mich immer an das Restaurant, das meine Großmutter in Briançon führte. Sie bereitete dort dieses Gericht mit frisch gefangenen Bergforellen zu. Doch trotz dieser lebhaften Erinnerung wirkt das Gericht etwas altmodisch, obwohl man es glücklicherweise immer noch in einigen traditionell geprägten Restaurants serviert. Dieser große Klassiker findet nicht leicht eine Harmonie mit dem Wein. Man muss das Fleisch der Forelle berücksichtigen, das sich schichtweise ablöst, die oft üppige Sauce und die Garnitur aus in Butter gerösteten Mandeln. Dazu braucht man einen runden, vollmundigen und nachhaltigen Wein.
Das Gericht selbst ist aber eher simpel, sodass man sich an Weinen mit einem guten Preis-Leistungs-Verhältnis orientieren sollte. Zu ihnen gehört der Mâcon, ein aufstrebender Wein aus dem südlichen Burgund. Er wird wie die meisten Weißweine aus dem Burgund aus der Chardonnay-Rebe hergestellt. Je nach Produktionsgebiet zeigt er ganz unterschiedliche Stile.
Ich liebe vor allem die Mâcons aus dem Gebiet von Viré und Clessé. Sie verbinden Vollmundigkeit mit mineralischen Noten und entwickeln Röstaromen, die an Trockenfrüchte erinnern. Gerade solche Weine passen am besten zu unserer Forelle: Beide Komponenten ergänzen sich gegenseitig. Ein dreijähriger Mâcon, bei 8 oder 9 °C serviert, zeigt eine angenehme Frische, die bei diesem üppigen Gericht besonders willkommen ist. Gleichzeitig schmeckt er rund und einfach und respektiert die zarte Süße des Fischfleisches.

Zu einer Forelle mit Mandelsplittern
Alsace Pinot Gris
Beaujolais Blanc
Saint-Joseph Blanc
Côtes du Jura Blanc
Chinon Blanc
Chardonnay del Friuli (Italien)
Chardonnay aus dem Maipo-Tal (Chile)

Mit einem Mâcon Blanc
Wurstwaren, als Vorspeise
Boudin Blanc, eine Art weiße Bratwurst
Cervelle de Canut, eine Spezialität aus Lyon: Weißkäse mit Kräutern auf Toast
Kabeljaurücken mit grobem Salz
Pot-au-feu aus dem Meer
Lyoner Wurst in Briocheteig
Andouillette mit Senfsauce
Käse: Chèvre du Mâconnais, Chavignol Demi-Sec, Boutons de Culotte

Die Wahl des Sommeliers
Domaine Bonhomme
Domaine Guffens-Heynen
Domaine Valette
Domaine Les Hauts d'Azenay
Domaine Thévenet

QUINCY

Lachs mit Sauerampfer

Saumon à l'oseille

AOC
Quincy
Region
Loire
Weißwein
Anbaufläche
180 ha
Rebsorte
Sauvignon

Dieses Rezept der Familie Troisgros ist innerhalb weniger Jahrzehnte zu einem Klassiker geworden. Die Säure des Ampfers wird dabei von der Sahne vermindert, und beide Zutaten verbinden sich mit dem schmelzenden Fleisch des Fisches.

Vor einem Lachs mit Sauerampfer gehen einem die Augen über: Der Fisch ist gerade richtig gebraten – nur auf einer Seite, nach dem Rezept von Pierre Troisgros – und bewahrt dadurch seine schöne rosa Farbe. Unter ihm liegt die Sahnesauce, in der das Grün des Sauerampfers dominiert. Diesem kontrastreichen Anblick entsprechen die sich gegenseitig ergänzenden Geschmackskomponenten. Dem stets etwas fetten Fleisch des Fisches steht die vegetabilische Säure des Ampfers gegenüber, die von der Sahne in der Sauce nicht vollständig ausgelöscht werden darf. Die Säure des Ampfers bestimmt über den Wein. Er muss lebhaft sein und reintönig, aromatisch und ziemlich rund. Weine aus der Chardonnay-Traube verbieten sich hier von selbst: Für diese feine Rebsorte ist der Sauerampfer zu stark, und der Kontrast wäre zu heftig, um noch angenehm zu sein.
Mir erscheint ein Wein von der Loire aus der Sauvignon-Traube, der Quincy, als bester Begleiter für dieses Fischgericht. Er wird am Rand der Sologne auf silikathaltigen Böden produziert. Der Quincy weist in der Welt der Sauvignons eine ziemlich einzigartige Persönlichkeit auf: Er ist rund, großzügig, geradlinig und leicht zugänglich, ausdrucksstark, ohne sich jemals in den Vordergrund zu spielen. Mit dem Lachs, den man früher in der Loire fing, geht er eine absolut logische Verbindung ein. Durch seine ausgeprägte Frische, seine deutliche, aber nicht schneidende mineralische Note wird er zu einem idealen Begleiter des Sauerampfers.
Ich habe diese hübsche Verbindung in einem Restaurant der Sologne kennen gelernt. Seither konnte ich mich mehrfach davon überzeugen, dass dieser Akkord immer glückt. Er hat den zusätzlichen Vorteil, dass damit eine kleine, aber interessante Appellation bekannt gemacht wird.

Zu Lachs mit Sauerampfer
Menetou-Salon Blanc
Reuilly Blanc
Touraine Sauvignon
Graves Blanc
Sainte-Foy-Bordeaux Blanc
Premières Côtes de Blaye Blanc

Zu einem Quincy
Kaninchenterrine mit Kräutern (Petersilie und Estragon)
Mousse aus Süßwasserfischen mit fein geschnittenen Karotten
Wurstwaren: Landwürste, Schinken, nicht zu stark geräucherte Andouille
Panierte Froschschenkel mit Petersilie und Knoblauch
Glattbutt mit Sauerampfer
Wolfsbarsch oder Goldbrassen aus dem Mittelmeer, gegrillt

Die Wahl des Sommeliers
Domaine Jacques Sallé
Domaine du Tremblay
Domaine Sorbe
Domaine Trotereau

CHÂTEAUNEUF-DU-PAPE Blanc

Petersfisch mit Lorbeer und Zucchini

Saint-pierre au laurier et aux courgettes

AOC
Châteauneuf-du-Pape
Region
Rhônetal
Weißwein
Die AOC umfasst 95% Rotweine.
Anbaufläche
200 ha für Weißwein, insgesamt 3200 ha
Rebsorten
Hauptsorten: Roussanne, Marsanne
Nebensorten: Grenache Blanc, Clairette, Piquepoul, Picardan, Bourboulenc

Ich liebe dieses Rezept sehr, weil es den Geschmack des Meeres mit dem des Festlandes verbindet. Damit ist die Wahl des Weines eine subtile Herausforderung. Er muss das feste, schmackhafte Fleisch des Fisches respektieren und dem Aroma des Lorbeers Widerstand leisten.

Man schiebt die Lorbeerblätter vor dem Braten unter die Haut des Fisches. Damit erinnert dieser Petersfisch ohne Zweifel an das Mittelmeer. Man muss nur darauf achten, dass unter den aromatischen Kräutern die Finesse des weißen Fischfleisches nicht verloren geht. Nach der Zubereitung treten die Lorbeeraromen in das Fischfleisch über. Das kann man noch mit etwas Olivenöl und grobem Meersalz verstärken. Die Zucchini brät man in Olivenöl mit etwas Knoblauch. Ihre etwas weiche Textur ist eine Herausforderung für die meisten Weine.

Das Gericht weist einen mächtigen Geschmack auf: Die Festigkeit des Fleisches, der Lorbeer, das Olivenöl und der Knoblauch verlangen nach einem regionalen Akkord: Der Wein sollte weiß, großzügig, mächtig sogar, intensiv und gleichzeitig frisch sein.

Der Petersfisch mit Lorbeer wird für mich nie ein Gericht sein wie alle anderen. Er gehört zu jenen Gerichten, für die ich beim Wettbewerb um den Titel des besten Sommeliers der Welt in Rio 1992 einen Wein vorschlagen musste. An jenem Tag war der Gedanke an einen weißen Châteauneuf-du-Pape eine ganz natürliche Sache.

Die Ursprungsbezeichnung ist wegen ihrer großen Rotweine berühmt. Die Weißweine passen aber sehr gut zur Mittelmeerküche. Ich liebe den Châteauneuf Blanc im Alter von rund fünf Jahren: Seine Aromen erinnern an Frühlingsblüten und weißfleischige Früchte (Birnen, Pfirsiche) aus dem Rhônetal mit ihrem leichten Anisduft. Im Gaumen wirken diese Weine wärmend ohne Exzess, rund aber nicht plump. Zusammen mit dem Petersfisch bewirkt diese Wuchtigkeit Wunder, und ihr diskreter Duft nach der Garrigue bildet ein Gegenstück zum Aroma der Lorbeerblätter. Zum Schluss wirkt ihre Frische mit einer vegetabilischen Spitze, die an frische Mandeln erinnert, durstlöschend.

Zu einem Petersfisch mit Lorbeer
Palette Blanc
Coteaux du Languedoc Blanc
Pessac-Léognan Blanc
Meursault
Puligny
Penedés Blanco (Spanien)
Chardonnay von Carneros (Kalifornien)

Zu einem Châteauneuf-du-Pape Blanc
Terrine aus Mittelmeerfischen
Gegrillte Gold- oder Rotbrassen
Wolfsbarsch mit Fenchel
Tunfischcarpaccio mit Olivenöl und weißen Spargelspitzen
Käse: Picodon

Die Wahl des Sommeliers
Château Mont Redon
Clos du Mont Olivet
Domaine de Beaurenard
Domaine de Nalys
Domaine Marchand

PATRIMONIO Blanc

Gegrillter Steinbutt mit Fenchel

Turbot grillé au fenouil

AOC
Patrimonio
Region
Korsika
Weißwein
Die AOC umfasst 50 % Rotweine und 35 % Rosés.
Anbaufläche
60 ha für Weißwein; insgesamt 400 ha
Rebsorte
Vermentino

Das feste schmelzende Fleisch des Steinbutts nimmt über dem Grill Räucheraromen auf, die den starken Anisgeschmack des gedünsteten Fenchels hervortreten lassen.

Der Steinbutt gilt dank der Festigkeit und dem ausgeprägten Geschmack seines Fleisches als edler Fisch. Bei der Zubereitung verdient er unsere Aufmerksamkeit, denn zu starke Hitze zerstört seine Zartheit. Wenn man gedünsteten Fenchel dazu serviert, gewinnt er noch an Eleganz und erinnert unwiderstehlich an den Sommer im Süden.
Ich liebe an diesem Gericht den Kontrast zwischen dem noch fast knackigen Fleisch des gegrillten Fisches und der anisartigen Süße des Gemüses. Ein Zusammenspiel mit einem Wein ist leicht zu finden: Der Akkord sollte unter dem Zeichen Geschmeidigkeit stehen. Es geht darum, ein verbindendes Glied zwischen den verschiedenen Geschmacksnoten zu finden. Im Rahmen einer solchen Harmonie kann der Patrimonio Blanc eine der wichtigsten Rollen spielen. Diese korsische Ursprungsbezeichnung ergibt großzügige, an Sonne gewöhnte Weißweine, die Dank ihrer ausgeglichenen mineralischen Struktur Frische bewahren. Das ist wichtig, weil der mächtige Geschmack des Fenchels alle übrigen Geschmacksrichtungen zu unterdrücken droht.
Nach dem vollen Aroma des ersten Augenblicks entwickelt der Patrimonio frische zitronige Noten, die sich gut mit dem Geschmack des Steinbutts verbinden. Ich schätze diese Verbindung vor allem, weil sie auf natürlichen gesunden Produkten beruht.

Zu Steinbutt mit Fenchel
Châteauneuf-du-Pape Blanc
Coteaux du Languedoc Blanc
Coteaux Varois Blanc
Costières de Nîmes Blanc
Alsace Riesling
Chinon Blanc
Penedés Blanco (Spanien)
Corvo di Casteldaccia Bianco (Sizilien)

Zu einem Patrimonio Blanc
Terrine aus korsischem Brocciu-Käse
Kalte Austern in Kressenaspik
Wolfsbarsch mit Fenchel und Pastissauce
Spaghetti mit Meeresfrüchten
Rohschinkenroulade mit Olivenpüree und gedünsteten Tomaten
Frische Ziegen- oder Schafskäse

Die Wahl des Sommeliers
Domaine Arena
Domaine de Catarelli
Domaine Giudicelli
Domaine Leccia

PESSAC-LÉOGNAN Rouge

Neunauge auf Bordelaiser Art mit gedünstetem Lauch

Lamproie à la bordelaise, poireaux confits

AOC
Pessac-Léognan
Region
Bordeaux
Rotwein
Die AOC umfasst auch 20 % Weißweine.
Anbaufläche
1000 ha für Rotwein; insgesamt 1300 ha
Rebsorten
Hauptsorten: Cabernet-Sauvignon, Cabernet Franc, Merlot
Nebensorten: Carmenère, Malbec, Petit Verdot

Das Neunauge auf Bordelaiser Art ist ein Höhepunkt in der Küche der Gironde: Der Süßwasserfisch wird mit einer Rotweinsauce zubereitet, und dazu isst man Lauch. Das alles verbindet sich sehr glücklich mit den großen Rotweinen aus dem Gebiet Graves.

Wenn man es zoologisch genau nimmt, ist das Neunauge gar kein Fisch, sondern gehört zu den Rundmäulern. Aber es weist einen ausgeprägten Fischgeschmack auf, der die Kombination mit einem Rotwein schwierig und mit einem trockenen Weißwein unmöglich macht. Gar nicht in Frage kommen zu tanninreiche und zu mächtige Rotweine. Mit ihnen stellt sich einfach kein Gleichgewicht ein. Bei diesem traditionellen und regionalen Gericht, bei dem noch die leichte Schärfe des gedünsteten Lauches dazukommt, entsteht aber ohne Schwierigkeiten ein hübscher Akkord mit einem Graves aus der Umgebung von Pessac. Diese Kombination ist perfekt und beruht auf der fruchtigen mineralischen Note des Weins, die man in der Sauce wiederfindet.

Der Pessac-Léognan hat in der Tat jene Eleganz und subtile Art, die für ein Fischgericht unabdingbar sind. Ich liebe diesen luftigen und fruchtigen Stil im unverwechselbaren Geschmack seines Terroirs. Man kann mit solchen Weinen gleich eine ganze Mahlzeit bestreiten. Auch ein anderes, exotischeres Rezept passt wunderbar zu ihm: Das Tepanyaki vom Rind, ein japanisches Gericht aus hauchdünn geschnittenem Fleisch, das auf einer Edelstahlplatte gegart wird.

Als klassischer, aber auch rassiger Wein voller Aromen nach schwarzen Früchten und mit feinen seidigen Tanninen passt der Pessac-Léognan hervorragend zu butterweichem Fleisch. Zusammen mit dem Neunauge sollte man ihn etwas frisch, bei 15 oder 16 °C, servieren. Er sollte auch eher jung sein. Nur so bringt er seine frische und mineralische Note zum Ausdruck, die zur samtigen, geschmeidigen Sauce so gut passt.

Zu einem Neunauge Bordelaiser Art
Graves Rouge
Margaux
Sancerre Rouge
Reuilly Rouge
Sainte-Foy-Bordeaux Rouge

Zu einem Pessac-Léognan Rouge
Zander mit roter Butter
Gegrillte Goldbrasse mit Thymian und Rosmarin
Gebratenes Hähnchen mit Knoblauch und Pilzen
Entrecôte nach Bordelaiser Art
Suppe mit roten Früchten,
Eis aus Schwarzen Johannisbeeren
Granité mit Schwarzen Johannisbeeren

Die Wahl des Sommeliers
Château de France
Château Haut-Bailly
Château Haut-Bergey
Château Haut-Brion
Château Malartic-Lagravière
Château La Louvière
Château Pape Clément

PÉCHARMANT

Gefülltes Perlhuhn mit weißen Bohnen

Salmis de pintade aux haricots coco

AOC
Pécharmant
Region
Südwest-frankreich
Rotwein
Anbaufläche
400 ha
Rebsorten
Merlot, Cabernet Franc, Cabernet-Sauvignon, Côt

Dieses Gericht verbindet Fleisch, Füllung und weiße Bohnen, wie sie typisch sind für den Südwesten Frankreichs. Es treten unterschiedliche Texturen und kräftige Düfte zutage. Der Wein muss sie miteinander verbinden. Das Perlhuhn wird erst entbeint, dann gerollt, nach dem Garen in Scheiben geschnitten und mit dem Bratensaft begossen.

Auf dem Teller verströmt dieses Gericht zunächst die Aromen jener Kräuter, mit denen die Füllung gewürzt wurde. Petersilie, Schnittlauch und Estragon stehen hier an erster Stelle. Im Mund schmilzt das Fleisch, und die weiche Füllung aus Hühnerklein bildet einen Kontrapunkt zur Festigkeit des Fleisches, das vom Bratensaft umgeben ist. Die weißen Bohnen mit ihrer feinen Haut und dem zarten Inneren haben die Aufgabe, ein Gleichgewicht herzustellen. Das Würzen spielt bei diesem Gericht eine große Rolle: Ich habe hier eine Vorliebe für den Pfeffer aus Kamerun. Seine muskatartigen Noten heben die unterschiedlichen Aromen hervor, ohne sie jemals zu überdecken.
Die kräftigen Düfte und unterschiedlichen Texturen machen bei der Wahl des Weines erhebliche Schwierigkeiten. Es besteht das große Risiko, dass man zu einem zu flüssigen oder zu delikaten Wein greift. Das Gericht verlangt aber nach einem sauberen, strukturierten Rotwein, der mit seinem Körperreichtum zum Gleichgewicht beitragen kann. Einmal mehr erweist sich der örtliche Wein als besonders geglückte Wahl, der Pécharmant. Er zeigt eine tiefe Färbung und erscheint in jungen Jahren oft etwas rau. Nach fünf bis sieben Jahren wird er runder, verströmt Aromen nach schwarzen Früchten, nach Veilchen, Leder und Feuerstein. Die kräftigen Tannine werden mit der reichen Füllung konfrontiert, und die Struktur des Weins spiegelt sich im Stärkegehalt der Bohnen. Der Pécharmant ist aber nicht nur einfach ein kräftiger Wein. Er besitzt auch diese tief greifende, mineralische Note, die dem Gesamten eine zusätzliche Raffinesse verleiht. In der Regel dekantiere ich den Pécharmant eine Stunde vor dem Servieren in eine Karaffe.

Zu einem gefüllten Perlhuhn
Madiran
Cahors
Irouléguy Rouge
Cornas
Gigondas Rouge
Bandol Rouge
Rioja (Spanien)
Malbec-Tannat aus dem Gebiet Mendoza (Argentinien)

Zu einem Pécharmant
Terrine aus Geflügel- oder Wildleber
Salat aus eingemachten Hühnermägen
Entenbrust mit Schwarzen Johannisbeeren
Cassoulet
Kronfleisch vom Rind mit Schalotten
Pot-au-feu
Rinderschmorbraten
Rinderfilet an der Schnur
Kartoffelgratin
Pilzpfanne, Steinpilze mit Sahne
Käse: Tomme de brebis des Pyrénées, Blauschimmelkäse wie Fourme d'Ambert, Bleu de Bresse

Die Wahl des Sommeliers
Château de Biran
Château de Tiregand
Château La Tilleraie
Domaine du Haut-Pécharmant

ALSACE PINOT NOIR Rouge

Wachteln mit Weintrauben
Caille aux raisins

AOC
Alsace Pinot Noir
Region
Elsass
Rotwein
Die AOC umfasst auch Rosés.
Anbaufläche
1225 ha
Rebsorte
Pinot Noir

Ich liebe dieses Rezept im Herbst, wenn die Trauben reif sind. Wenn es geht, greife ich zu schwarzen, nicht zu säuerlichen Trauben. Man gibt sie einfach am Ende der Kochzeit zur Wachtel, damit sie nichts von ihrem Geschmack verlieren. Der Wein muss die Leichtigkeit und Frische des Rezepts respektieren.

Wachteln sind zart und delikat, ein Geflügel für raffinierte Feinschmecker. Man darf sie nur nicht zu lang garen. Am besten bekommt ihnen das Braten, bei dem sich ein bisschen Bratensaft entwickelt. Durch die Raffinesse der Wachtel verbieten sich zu mächtige Weine. Die Subtilität ihres Duftes und ihr festes Fleisch verlangen vielmehr nach einem luftigen Wein.
Zu Ende der siebziger Jahre war ich mit meinem Vater in Colmar. Dort kostete ich dieses traditionelle Gericht der französischen Gastronomie mit einem Pinot Noir aus dem Elsass. Die Verbindung erschien mir sehr geglückt.
Im Weißweingebiet Elsass bildet der Pinot Noir eine Ausnahme. Wenn das Jahr es will, wird daraus ein großartiger Wein. Er zeigt ein schönes leuchtendes Rot, von Anfang an einen deutlichen Duft nach Himbeeren und eine mineralische Art, die die Verschiedenheit der elsässischen Böden widerspiegelt.
Bei der Wachtel ziehe ich einen jungen Pinot Noir mit zartem Holzton vor: Seine luftige, flüssige Art passt wunderbar zur Subtilität der Wachtel, und seine leichte fruchtige Säure findet sich auch in der Sauce wieder. Die Harmonie ist vollkommen, besonders wenn man den Wein bei einer vernünftigen Temperatur (16 °C) serviert. Damit respektiert man die frische Note, die die Früchte dem Gericht verleihen.

Zu Wachteln mit Weintrauben
Mercurey Rouge
Mâcon Rouge
Menetou-Salon Rouge
Bugey Rouge
Rioja Crianza (Spanien)

Zu einem Alsace Pinot Noir Rouge
Alter 2 bis 4 Jahre:
Geflügelterrine und gegrilltes Toastbrot
Weinbergschnecken mit Kräutern und Knoblauch
Gegrillte Rotbarben
Gebratene Kalbsleber mit Himbeeressig
Käse: Brie, Coulommiers
Himbeeren in Fruchtsuppe
Alter 5 bis 7 Jahre:
Gebratene Pilze mit Petersilie und Knoblauch
Wildtaube oder Schnepfe im eigenen Saft
Mailänder Schnitzel mit frischen Teigwaren
Gegrillte Ochsenrippe

Die Wahl des Sommeliers
Domaine du Clos de Saint-Landelin
Domaine Marcel Deiss
Maison Hugel

SAVENNIÈRES

Pot-au-feu mit Hühnchen

Pot-au-feu de poulet

AOC
Savennières
Region
Loire
Weißwein
trocken oder lieblich
Anbaufläche
135 ha, davon rund 20 ha für den Savennières Coulée-de-Serrant
Rebsorte
Chenin

Pot-au-feu ist ein französischer Suppeneintopf. Er liefert die Brühe für weitere Suppen und andere große Gerichte. Im Pot-au-feu kochen zahlreiche Gemüse und auch Gewürze wie Nelken mit. Sie verleihen dem Gericht eine diskrete Finesse, die der Wein nicht überdecken darf.

Bei diesem Rezept ist die Qualität der Zutaten genauso wichtig wie die Sorgfalt bei der Herstellung. Das Hähnchen oder das Huhn muss gerade so lange gegart werden, dass das Fleisch noch seine Festigkeit beibehält. Frühlingsgemüse tragen ihre unterschiedlichen Geschmacksnoten und Texturen bei: Karotten, weiße Rübchen, Kartoffeln, Sellerie, Lauch und Zwiebeln. Man taucht sie in eine Brühe, die man immer mit Thymian, Lorbeerblatt und einigen Nelken würzt, wobei man diese in die Zwiebeln steckt. Das ganze Gericht muss geschmeidig werden in einer Sauce, die nichts anderes ist als die stark eingekochte Bouillon, verfeinert mit etwas Sahne.

Bei diesem scheinbar ganz einfachen Gericht habe ich eine deutliche Vorliebe für Weißweine und vor allem für den Savennières, einen Weißwein von der Loire auf der Grundlage der Chenin-Rebe. Das ist eines der ersten Weinbaugebiete in dieser Region, die ich als Sommelier besuchte.

Diesem trockenen Weißwein gegenüber empfinde ich eine besondere Zuneigung; er ist immer rund, manchmal sogar lieblich und weist einen typischen Bodengeschmack nach Sandsteinschiefer auf. Bei 11 °C verströmt er einen Duft nach verschiedenen Obstsorten, nach Zitrusfrüchten und sogar Frühlingsblumen, manchmal mit einem Hauch Eisenkraut.

Mit unserem Hühnchengericht stellt sich ein natürlicher Akkord ein – dank der Geschmeidigkeit des Weins, seiner aromatischen Vielfalt und seiner leichten Säure am Ende, die dem Zusammenspiel jede Spur einer Geziertheit nimmt.

Zu einem Pot-au-feu mit Hühnchen
Weißweine:
Alsace Riesling
Anjou
Vouvray Sec
Montlouis Sec
Jurançon Sec
Sauvignon von Stellenbosch (Südafrika)
Sauvignon von Marlborough (Neuseeland)
Steen von Paarl (Südafrika)
Rotweine:
Gamay de Touraine
Beaujolais
Côtes du Rhône, jung
Merlot del Ticino (Schweiz)

Zu einem Savennières
Geschälte Garnelen mit Zitrone, zum Aperitif
Spargel mit Schaumsauce
Gebratene Jakobsmuscheln mit rosa Pfeffer und Lauch
Zander oder Hecht mit Butter-Schalotten-Sauce
Alse (Maifisch) mit Butter-Schalotten-Sauce
Gebratene Andouille mit Apfelkompott und Weißweinsauce
Gratin aus Blumenkohl, Chayote und Süßkartoffeln
Käse: Ziegenkäse mit Ascheüberzug, etwa Pyramide de Valençay, Sainte-Maure
Gekochte Birnen mit Vanilleeis
Äpfel aus dem Ofen mit Vanilleeis

Die Wahl des Sommeliers
Château d'Épire
Coulée de Serrant
Domaine du Closel
Domaine Pierre Soulez

CHAMBOLLE-MUSIGNY

Jungente mit weißen Rübchen

Caneton braisé aux navets

AOC
Chambolle-Musigny
Region
Burgund
Rotwein
Anbaufläche
210 ha, davon 60 ha für die Premiers Crus
Rebsorte
Pinot Noir

Welche Zubereitungsart man auch wählt, bei der Ente stellt sich am Ende immer dasselbe Problem: Der ausgeprägte Geschmack ihres Fleisches neigt dazu, jeden anderen Geschmack zu übertönen. Das ist bei der Weinauswahl zu berücksichtigen.

Es ist nie leicht, einen Wein für eine Ente zu finden. Angesichts ihres schmackhaften Fleisches hat man die Wahl zwischen unterschiedlichen Lösungen: Erstens kann man einen Wein wählen, der die Ente an Dichte, Struktur und Intensität übertrifft. Oder man setzt auf gegenseitige Ergänzung und Gleichgewicht und sucht ein Zusammenspiel voller Finesse und Eleganz. Im Fall der Ente mit den weißen Rübchen vereinfacht sich das Problem etwas durch die lange Garzeit. Sie lässt die weißen Rübchen etwas süßer erscheinen, konzentriert die Aromen des Fleisches und verleiht ihm eine Textur, die an einen Confit erinnert. Ich ziehe einen Wein vor, der Komplexität und natürliche Eleganz verbindet und nicht so sehr auf explosive Mächtigkeit setzt. Gäbe es in diesem Bereich eine bessere Wahl als einen Chambolle-Musigny?

Der Chambolle-Musigny ist ohne Zweifel einer meiner liebsten roten Burgunder. Ich habe zahlreiche gute Erinnerungen an ihn, und eine der schönsten geht auf das Jahr 1990 zurück. Damals hatte ich Gelegenheit, im Clos-Vougeot einen solchen Wein von 1978 zu verkosten. Er erfüllte mich sozusagen mit seiner Raffinesse. Im Gebiet des Chambolle-Musigny erreicht der Pinot Noir den Höhepunkt seiner Eleganz. Man entdeckt in diesen Weinen, wenn sie fünf oder sechs Jahre alt geworden sind, klassische Noten nach Himbeere, Kirsche, Gewürzen. Die Weine füllen den Mund aus, weisen eine exemplarische Struktur und einen oft wundervoll nachhaltigen Abgang vor.

Bei unserer Ente stellt sich das Gleichgewicht über die Geschmeidigkeit der braunen Bratensauce, über den wildartigen Ton des Fleisches, die Samtigkeit und Finesse ein. Die Harmonie ist fast jenseits dessen, was man mit Worten ausdrücken kann. Vergessen wir nicht, dass einer der besten Crus von Chambolle-Musigny Les Amoureuses heißt, die »Verliebten«.

Zu einer Jungente mit weißen Rübchen

Morey Saint-Denis
Vosne-Romanée
Sancerre Rouge (mit leichtem Holzton)
Saint-Émilion
Pomerol
Châteauneuf-du-Pape Rouge

Zu einem Chambolle-Musigny

Lauwarmer Salat aus eingemachtem Ochsenschwanz
Bresse-Huhn am Spieß mit gebratenen Kartoffeln und Steinpilzen
Gegrilltes Filet vom Charolais-Rind
Gebratener Fasan mit Knollenziest
Käse: Soumaintrain, nicht zu sehr gelagert, mit einem Speckbrötchen

Die Wahl des Sommeliers

Château de Chambolle-Musigny
Domaine A.-F. Gros
Domaine Noëllat
Domaine Robert Sirugue
Domaine Roumier

SAINT-ÉMILION

Taube mit Wirsing

Pigeon au chou

AOC
Saint-Émilion
Region
Bordeaux
Rotwein
Anbaufläche
1425 ha
Rebsorten
Hauptsorten: Merlot, Cabernet-Sauvignon, Cabernet Franc
Nebensorten: Bouchet, Malbec

Dieses Gericht ist nicht so einfach zu kochen: Man muss das Geflügel auf den Punkt, den Kohl jedoch so lange garen, bis er alle Schärfe eingebüßt hat. Die Spannbreite des Gerichts reicht vom Adel der Taube bis zur Rustikalität des Wirsings. Einen geeigneten Wein dazu zu finden, ist schwieriger als man denkt.

Die Allianz zwischen der Taube und dem Wirsing steht unter dem Zeichen der Mächtigkeit: Der Wirsing hat einen ausgeprägten Geschmack und nimmt langsam den Geschmack der Taube auf. Diese hat ein dichtes, fast wildartiges Fleisch, das hier rosa bleiben sollte. Wenn man die unterschiedlichen Garzeiten für den Kohl und die Taube berücksichtigt, bekommt man ein sehr schmackhaftes Gericht, bei dem sich feine Texturen mit etwas wilden Geschmacksrichtungen verbinden.
Für diese Art Essen muss man einen großzügigen, fruchtigen und runden Wein nehmen. Ein zu flüssiger Wein würde untergehen, ein zu tanninhaltiger würde im Kontakt mit der Säure des Wirsings hart erscheinen. Um zu einem Gleichgewicht zu finden, sollte man nach einem nicht so mächtigen Wein Ausschau halten, der nicht zu sehr von der Sonne verwöhnt wird. Für mich ist der Saint-Émilion der Wein der Wahl. Obwohl im Gebiet dieser Ursprungsbezeichnung zahlreiche verschiedene Weinstile vertreten sind, erscheinen die Gewächse in der Regel zwar dicht, aber eher rund und geschmeidig mit nicht stark hervortretenden Tanninen, die gut zu diesem Gericht passen. Der Wein umgibt mit großer Eleganz die geschmeidige Art des Wirsings und das feste faserige Fleisch der Taube. Dazu kommt eine Komplizenschaft der Geschmacksrichtungen, sofern man einen noch jungen fünf- bis siebenjährigen Saint-Émilion auswählt, dessen Fruchtaromen sehr gut zum Wirsing passen.

Zu Taube mit Wirsing
Saint-Joseph Rouge
Marsannay Rouge
Fixin
Gevrey-Chambertin
Merlot aus der Toskana (Italien)

Zu einem Saint-Émilion
Gebratene Ente mit Olivenbutter
Huhn in Wein
Gebratener Kapaun auf Bordelaiser Art
Rinderfilet mit Teigkruste und Pilzen
In Kräutern mariniertes Lamm
Lammkeule mit grünen Bohnenkernen
Käse: Saint-Nectaire, Mimolette Étuvée, Reblochon

Die Wahl des Sommeliers
Château Angelus
Château Canon
Château Canon La Gaffelière
Château Chauvin
Château Cheval Blanc
Château Faugères
Château Figeac
Château Larmande
Château Moulin Saint-Georges
Château Pavie
Château Troplong Mondot
Château La Couspaude

MARGAUX

Gebratene Gans mit Kartoffeln nach der Art von Sarlat

Oie rôtie sarladaise

AOC
Margaux
Region
Bordeaux
Rotwein
Anbaufläche
1350 ha
Rebsorten
Hauptsorten: Merlot, Cabernet-Sauvignon, Cabernet Franc
Nebensorten: Carmenère, Malbec, Petit Verdot

Das ist ein Festtagsgericht mit Kontrasten:
Die Haut ist knusprig,
das Fleisch butterweich und etwas fett,
dazu Kartoffeln und Pilze,
die die Tannine des feinen und gut
strukturierten Weins einhüllen.

Wenn man die Gans regelmäßig mit dem Bratensaft übergießt, bekommt man butterweiches schmelzendes Fleisch. Zusammen mit Kartoffelscheiben, Steinpilzen und etwas Trüffel – eben nach der Art von Sarlat, dem hübschen Städtchen im Herzen des Périgord Noir – wird sie ein Wunder an Geschmeidigkeit. Man könnte sich für dieses kräftige Essen durchaus einen mächtigen Wein vorstellen. Ich allerdings liebe subtilere Akkorde: Die Vorzüge dieses Gerichts kommen mit einem eleganten, raffinierten Wein besser zur Geltung.
Es gibt mehrere Möglichkeiten, zu einer Harmonie zu finden, besonders mit den Weinen aus dem Médoc. Die Margaux kommen aber der Ideallösung am nächsten. Sie verbinden die Weichheit des Merlots mit der robusten Struktur der Cabernet-Rebe. Weine aus Margaux sind elegant, luftig, von unerhörter Subtilität, aufgrund ihrer besonderen Tannine von seidenweicher Art und sehr nachhaltig im Mund. Sie passen gut zu saftigen, sogar fleischigen Gerichten. Grüne Gemüsesorten hingegen lassen sie wässrig erscheinen, und von zu kräftigen Saucen werden sie erschlagen. Zur gebratenen Gans mit Steinpilzen und Trüffel ziehe ich einen schon etwas gealterten Margaux vor.
Die Komplizenschaft entsteht vor allem zwischen den Waldaromen des Weines und dem verführerischen Duft der Trüffel. Die Vielfalt stellt eine der großen Eigenschaften dieser außergewöhnlichen Ursprungsbezeichnung dar: Man muss auch die unterschiedliche Art der verschiedenen Crus respektieren!

Zu gebratener Gans
Rotweine:
Saint-Estèphe
Haut-Médoc
Canon-Fronsac (Alter mind. 10 Jahre)
Pécharmant
Volnay
Weißweine (Alter 10 Jahre):
Pessac-Léognan
Puligny-Montrachet
Meursault
Hermitage

Zu einem Margaux
Neunauge auf Bordelaiser Art
Gebratene Wachtel im Bratensaft
Gebratenes Perl- oder Rebhuhn mit milden Gewürzen
Ochsenrippe mit Mark
Käse: Brillat-Savarin, Pierre-Robert, Saint-Nectaire

Die Wahl des Sommeliers
Château Labégorce Zédé
Château Margaux
Château Rauzan-Segla
Château Monbrison
Château Palmer
Château Siran

CAHORS

Rinderfilet in Teigmantel mit Pilzen und Artischocken, Cassissauce

Filet de bœuf en croûte aux champignons et artichauts, jus au cassis

AOC
Cahors
Region
Südwest-frankreich
Rotwein
Anbaufläche
4250 ha
Rebsorten
Hauptsorten: Auxerrois (lokale Bezeichnung für Malbec und Côt)
Nebensorten: Tannat, Merlot

Die aromatische Vielfalt der Elemente dieses Gerichts bestimmt über die Wahl des Weins: Der Duft des Rindfleisches, das im Teigmantel eingeschlossen ist, die Artischockenböden mit etwas Knoblauch und der Bratensaft, der mit Schwarzen Johannisbeeren verfeinert wird.

Auf den ersten Blick mag das Ganze etwas konfus wirken: Der goldgelbe Blätterteig erinnert an eine Konditorei, die geviertelten Artischockenböden bringen eine süße Note, die Schwarzen Johannisbeeren eine säuerliche. Man kann diese aromatische Vielfalt noch durch Champignons – und warum nicht auch Trüffel? – verfeinern, die man im Inneren der Teigkruste anbringt. Das Zusammenspiel mit dem Wein muss auf verschiedenen Ebenen stattfinden: Harmonie in der Struktur und in der Stofflichkeit, aber auch eine Übereinstimmung bei den Düften. Ein Wein mit Frucht- und Blütennoten, der mit beginnendem Alter einen Duft nach Unterholz verströmt, wäre hier sehr willkommen. Es wäre allerdings ein Fehler, einen zu flüssigen Wein anzubieten, weil er nicht zum Blätterteig passen würde. Ausgeschlossen ist auch ein Wein, dem es an Seidigkeit fehlt, weil dies der Textur des Fleisches schaden würde. Achtung vor allem bei den Artischocken: Ihr sehr vegetabilischer Geschmack lässt Weine oft etwas metallisch erscheinen … Glücklicherweise dient bei diesem Gericht die Sauce mit den Schwarzen Johannisbeeren als Bindeglied zwischen den verschiedenen Geschmacksrichtungen.

Die Verbindung mit dem Cahors erweist sich sofort als glücklich. Dieser Wein aus dem Südwesten Frankreichs besaß lange Zeit einen nicht sehr guten Ruf, hat aber erheblich an Qualität gewonnen. Er ist im Allgemeinen dicht und dunkel und setzt Aromen nach schwarzen Früchten, Veilchen und Süßholz frei, die sich auch im Gericht wiederfinden. Der Cahors hat eine gute Struktur: Er ist dicht, fast fleischig, und er kann angesichts eines festen Rinderbratens durchaus bestehen. Man serviert ihn auch gern zu Trüffeln, die übrigens auch in seiner Heimat gefunden werden. In diesem Fall ziehe ich einen fünf- bis siebenjährigen Cahors vor. Man serviert den Wein bei 18 °C und dekantiert ihn eine Stunde vor dem Servieren.

Zu Rinderfilet im Teigmantel
Gaillac Rouge
Pécharmant
Saint-Émilion
Côtes de Castillon
Bordeaux Côtes de Francs Rouge
Barolo, Barbaresco, Gattinara (Piemont, Italien)

Zu einem Cahors
Verschiedene Wurstwaren
Salat aus eingemachten Hühnermägen mit Cassissauce
Taube, Fasan oder Rebhuhn im Schmortopf mit Waldpilzen
Gegrilltes Rindfleisch
Gegrilltes Entrecôte
Cassoulet aus Toulouse
Käse: Rocamadour, Schafskäse aus den Pyrenäen mit Schwarzen Johannisbeeren
Clafoutis (eine Art Auflauf) mit roten Früchten
Streuselkuchen mit Schwarzen Johannisbeeren

Die Wahl des Sommeliers
Château du Cèdre
Château Gautoul
Château La Caminade
Château Lagrezette
Clos Triguedina

BANDOL Rouge

Provenzalisches Rinderschmorfleisch mit schwarzen Oliven

Daube de bœuf provençale aux olives noires

AOC
Bandol
Region
Provence
Rotwein
Die AOC umfasst auch 60 % Rosés und 5 % Weißweine.
Anbaufläche
Insgesamt 1300 ha
Rebsorten
Hauptsorte: Mourvèdre
Nebensorten: Grenache, Cinsault, Syrah, Carignan

Dieses traditionelle Gericht der provenzalischen Gastronomie wird mit Gemüse und heimischen Gewürzen zubereitet. Die schwarzen Oliven aus der Region bilden eine perfekte Verbindung zum Wein.

Die Daube provençale ist für mich gleichbedeutend mit einem gemütlichen Abendessen unter Freunden oder Familienmitgliedern. Der Schmortopf köchelt lange Zeit und weist ganz unterschiedliche Texturen auf: magere oder fette Fleischstücke, zarte oder feste. Und dazu kommt der vielfältige Geschmack der Gemüsesorten. Das verbindende Element stellt die feste, geschmeidige Sauce dar, die ihren Hauptcharakter von den schwarzen Oliven erhält. Die Wahl eines Bandol Rouge ist nur logisch. Zunächst einmal entstammt er demselben Terroir – er ist einer der typischsten Weine der Provence. Dann ergibt sich unmittelbar eine Harmonie zwischen den leicht bitteren Oliven und den komplexen Aromen des Weins, unter denen man schwarze Früchte, Moschus, Gewürze und eben auch … Oliven entdecken kann.

Ich mag diesen runden, großzügigen und energiegeladenen Wein. Er hat Struktur und Biss. Seine feinen Tannine bleiben nach 18 Monaten im Holzfass fest, und die Hauptrebsorte, die Mourvèdre, verleiht ihm Kraft, Länge und Dichte. Aus diesen Gründen sollte man den Wein eineinhalb Stunden vor dem Genuss in eine Karaffe umfüllen. Er verlangt etwas Geduld, weil er seine Fülle erst im Alter von ungefähr fünf Jahren erreicht. Erst dann ergibt er mit dem Rinderschmorfleisch die besten Ergebnisse. Sein Lagerungspotenzial ist in guten Jahren noch viel größer.

Bei einer Geburtstagsfeier mit Freunden gab es eine Daube und einen roten Bandol. Einer der Gäste war 30 Jahre alt, und wir verkosteten einen Wein seines Jahrgangs – mit Erfolg. Ein guter Bandol kann also leicht drei Jahrzehnte überdauern.

Zu provenzalischem Rinderschmorfleisch
Les Baux de Provence Rouge
Gigondas Rouge
Châteauneuf-du-Pape Rouge
Rotweine aus Kalifornien aus der Syrah- und/oder Grenache-Traube
Südaustralische Weine aus Syrah und Cabernet-Sauvignon

Zu einem Bandol Rouge
Alter 2 bis 4 Jahre:
Gegrillte Rotbarben
Mit Mohnsamen panierte Bonitoscheibe, Rotweinsauce
Gefüllte Gemüse nach Art von Nizza
Pizza mit Schinken und Champignons
Lasagne alla bolognese
Alter 5 bis 7 Jahre:
Jungente mit Oliven
Lackente, kantonesischer Reis
Osso buco mit Tomaten
Karamellisierte Querrippe vom Schwein
Hohes Alter:
Gebrannte Creme, mit Kaffee aromatisiert

Die Wahl des Sommeliers
Château de Pibarnon
Château Pradeaux
Château Vannières
Domaine de Terrebrune
Domaine Lafran-Veyroles
Domaine Tempier

BIÈRE Blanche/Helles BIER

Kalbsschnitzel mit Zitrusfrüchten und Endivien

Escalope de veau aux agrumes et endives

Zu sehr kreativen Gerichten passt oft Bier am besten. Die unterschiedlichen Biersorten ermöglichen originelle Kombinationen, etwa hier zwischen dem Kalbsschnitzel mit Zitrusfrüchten und Endivien und einem hellen Bier.

Bei diesem Gericht übernimmt die Sauce mit Zitrusfrüchten – vorzugsweise Clementinen – eine Rolle als Moderator zwischen der fast holzigen Festigkeit des Kalbsschnitzels und der Bitterkeit der Endivien, die man fast trocken anbrät. Das Gericht beinhaltet originelle aromatische Kombinationen, insbesondere, wenn man die Sauce mit Bier ablöscht und im letzten Augenblick etwas Sahne zugibt. Die Kontraste werden dadurch schwächer, und eine gewisse Süße verbindet die verschiedenen Elemente.

Natürlich muss man auch wissen, was für ein Bier hier in Frage kommt. Persönlich fühle ich mich ganz allgemein mehr zum Wein hingezogen, doch ich wollte immer die verschiedenen Biere kennen lernen. Mit der Hilfe vieler Brauer konnte ich zahlreiche Experimente über die Kombination zwischen Bier und Speisen durchführen. Allein für sich genossen, mag ich Bier kaum. Dafür schätze ich ganz besonders bestimmte Verbindungen, z. B. mit Schokolade: dunkles Bier mit einem Dessert, das Gewürze und schwarze Schokolade enthält; helles Bier zu Milchschokolade und Mandeln; Malzbier zu schwarzer Schokolade mit Whisky. Zu versuchen wäre auch ein dunkleres Bier zu Münsterkäse mit Kümmel und Honig.

Zu einem Kalbsschnitzel mit Zitrusfrüchten passt ohne Zweifel ein junges helles Bier bei 7 oder 8 °C. Es führt die Eigenschaften des Gerichts sozusagen weiter fort: Seine schaumige Textur erinnert an die cremige Sauce, und sein frischer Geschmack, der nicht zu bitter sein darf, passt wunderbar zu den Zitrusfrüchten und den leicht bitteren Endivien. Die vielleicht ungewohnte Komposition des Hauptgerichts lebt von der Gewissheit, dass hier alle heftigen Kontraste aufgehoben sind.

Zu Kalbsschnitzel mit Zitrusfrüchten
Chassagne-Montrachet Blanc
Chablis Premier Cru
Montlouis Sec
Vin de Corse Blanc
Chardonnay von Marlborough (Neuseeland)

Zu einem hellen Bier
Hasenterrine mit Aspik mit Perlzwiebeln
Gebratene Jakobsmuscheln, Sauce mit Zitrusfrüchten
In Bier mariniertes Schweineragout und Saubohnen
Endivien und Lauch, gedünstet
Ziegenkäse mit Ascheüberzug (Sainte-Maure, Pyramide de Valençay); Brousse aux Herbes
Karamellisierter Sabayon mit exotischen Früchten und Bier
Gepfeffertes Ananascarpaccio mit Vanilleeis

Die Wahl des Sommeliers
Bitburger Pils
Flensburger Pilsener
Krombacher Pils
Radeberger Pilsner
Warsteiner Pils

COTEAUX DU LANGUEDOC Rouge

Gegrillte Querrippe vom Schwein mit gebratenen Feigen

Travers de porc grillé aux figues rôties

AOC
Coteaux du Languedoc
Region
Languedoc
Rotwein
Die AOC umfasst auch 12 % Weißweine und 13 % Rosés.
Anbaufläche
7500 ha von insgesamt 10 000 ha
Rebsorten
Hauptsorten: Grenache, Mourvèdre, Syrah
Nebensorten: Cinsault, Carignan

Das ist ein ganz einfaches, schmackhaftes und etwas rustikales Gericht. In der Region Midi-Pyrénées gibt man einige aromatische Kräuter hinzu, Salbei, Thymian, Lorbeer und Rosmarin, um dem Gericht die Düfte der Garrigue mitzuteilen, und diese kann man auch im Wein finden.

Die über Holzglut gegrillte Querrippe vom Schwein ist ein kleines Wunder sommerlicher Küche. Das Fleisch wird dabei leicht geräuchert und hängt am Knochen fest. Da darf man nicht zögern: Man isst mit den Händen! Dies ist eines meiner Lieblingsrezepte für ein einfaches Abendessen. Für den Idealfall lässt man das Fleisch einige Stunden in Öl und Kräutern marinieren. Als Begleitung wählt man einen großzügigen, etwas wärmenden Wein, in dem der Alkohol durchaus zu spüren ist.
Wenn das Schwein richtig gegart und vor allem nicht verbrannt ist, verträgt seine feste Textur ohne Schwierigkeiten die Tannine eines ausgeglichenen, gut strukturierten und mächtigen Weines, der viel Sonne bekommen hat. In diesem Sinne passen die roten Coteaux du Languedoc sehr gut. Diese Ursprungsbezeichnung hat eine große Anbaufläche und produziert ganz unterschiedliche Weine. Die meisten zeigen aber eine starke Persönlichkeit und ein Gleichgewicht, das auf der runden Art der Grenache, der strengen Struktur der Mourvèdre und den Gewürznoten der Syrah beruht. Die Coteaux du Languedoc in der Umgebung von Montpellier (Pic Saint-Loup und Saint-Drézéry) eignen sich besonders gut für die Gerichte der Mittelmeerküche, besonders wenn darin aromatische Kräuter eine große Rolle spielen. Der Wein selbst verströmt Aromen der Garrigue und Fruchtnoten, die von der Garnitur aus gebratenen Feigen noch hervorgehoben werden. Das Zusammenspiel zwischen Gericht und Wein wird auf diese Weise zur »Liaison«!

Zu einer gegrillten Querrippe vom Schwein
Côtes de Provence Rouge
Côtes du Roussillon Rouge
Côtes du Roussillon-Villages Rouge
Penedés Tinto (Spanien)
Chianti Classico (Italien)
Tancredi di Sicilia (Italien)

Zu einem Coteaux du Languedoc Rouge
Alter 2 bis 3 Jahre:
Geflügel- oder Wildterrine
Schweinskopfpastete
Tuntartar
Mit Lammfleisch gefüllte Paprika
Käse: Pélardon des Cévennes mit Oliven- und Kräuterbrot;
Niolo aus Korsika
Kirschenclafoutis, eine Art Auflauf
Brombeer-, Feigen- oder Zwetschgentorte
Fondant mit schwarzer Schokolade
Blätterteiggebäck mit Kaffee
Alter 5 bis 6 Jahre:
Schnepfe, Rebhuhn oder Taube, gebraten
Marokkanische Taubenpastilla mit Feigen
Rindfleisch mit brauner Sauce oder Marksauce
Hochrippe vom Rind mit gegrilltem Gemüse (Zucchini, Paprika, Zwiebeln)
Lammkoteletts mit Kräutern
Lammtajine mit gedünsteten Zitronen

Die Wahl des Sommeliers
Château de Capitoul
Château de l'Engarran
Clos Marie
Domaine d'Aupilhac
Domaine Durand Camillo
Domaine l'Hortus
Mas Bruguière
Mas Jullien

PAUILLAC

Lammkeule »Sieben Stunden« mit Saubohnen

Gigot de sept heures aux fèves

AOC
Pauillac
Region
Bordeaux
Rotwein
Anbaufläche
1200 ha
Rebsorten
Hauptsorten: Cabernet Franc, Cabernet-Sauvignon, Merlot
Nebensorten: Carmenère, Malbec, Petit Verdot

Dieses alte Bordelaiser Rezept erfordert Geduld: Es köchelt sehr lange, was dem Lammfleisch eine außergewöhnlich schmelzende Beschaffenheit verleiht. Nur ein sehr großer Rotwein kann dies hervorheben.

Wenn die Lammkeule nach sieben Stunden Garzeit aus dem Ofen kommt, droht das mürbe Fleisch zu zerfallen. Ganz vorsichtig legt man es auf die Garnitur aus frischen Saubohnen. Das Lamm schmeckt fast wie eingemacht, und man muss es lange kauen, damit es seine Geschmackspalette abgibt. Dazu wählt man einen Wein, der es ebenfalls erträgt, gekaut zu werden: einen mächtigen und doch raffinierten Wein mit eleganten, aber sehr dichten Tanninen. Er muss der vegetabilischen Note und dem Stärkereichtum der Saubohnen sowie der aromatischen Palette des Gerichts standhalten.

Die befriedigendste Lösung für dieses Problem wurde mir vor mehreren Jahren im Bordelais-Gebiet angeboten. Ich verdanke sie Baron Philippe de Rothschild, den ich damals zum ersten Mal traf. Er ließ mich diese beiden Wunder aus dem Médoc kosten: das Lamm und seinen Wein von Pauillac. Die Tradition, die die beiden Erzeugnisse dieses Terroirs miteinander verbindet, hat Recht. Der Pauillac muss übrigens nicht mit ausgesuchten Gerichten verbunden werden: Er ist sich praktisch selbst genug. Bevor er sieben oder acht Jahre alt geworden ist, erscheint er so mächtig, dass man Mühe hat, ihn überhaupt mit irgendeinem Gericht zu kombinieren.

Mit zunehmendem Alter wird dieser Wein zugänglicher. Seine Noten nach schwarzen und roten Früchten, sein Duft nach Gewürzen, seine Noten nach Kakao und Süßholz, seine außergewöhnliche Länge im Mund runden sich zu einem unglaublichen Geschmackserlebnis. Der Pauillac hat Eleganz und Temperament. Durch seinen Körper, sein Volumen im Mund, seine starke Präsenz eignet er sich für Gerichte mit Charakter.

Zu einer Lammkeule »Sieben Stunden«
Saint-Estèphe
Premières Côtes de Blaye Rouge
Cahors
Châteauneuf-du-Pape Rouge
Côtes du Roussillon-Villages
Cabernet-Sauvignon aus dem Napa-Tal (Kalifornien)
Cabernet-Sauvignon aus dem Maule-Tal (Chile)

Zu einem Pauillac
Fasanenterrine mit Wacholder
Lammkarree mit Steinpilzen
Rinderfilet im Teigmantel mit Champignon-Duxelle
Rehkeule mit Kastanien
Käse: Fromage de l'Abbaye de Belloc (Schafskäse aus den Pyrenäen)

Die Wahl des Sommeliers
Château la Bécasse
Château La Tour
Château Lafite Rothschild
Château Lynch Bages
Château Pontet-Canet
Château Mouton Rothschild
Château Pichon Longueville
Château Pichon Longueville-Comtesse de Lalande

CHÂTEAUNEUF-DU-PAPE Rouge

Lamm mit Olivenpüree und gedünsteten Tomaten

Agneau en tapenade et tomates confites

AOC
Châteauneuf-du-Pape Rouge
Region
Rhônetal
Rotwein
Die AOC umfasst auch 5 % Weißwein.
Anbaufläche
3000 ha, insgesamt 3200 ha
Rebsorten
Hauptsorten: Grenache, Syrah, Mourvèdre, Cinsault
Nebensorten: Terret, Muscardin, Vaccarèse, Counoise, Picardan

Die Geschmacksrichtungen dieses Gerichts stellen den Weinliebhaber vor einige Probleme: Er muss das kräftige Olivenpüree, das dem Fleisch seine Düfte mitgeteilt hat, und die säuerliche Süße der gedünsteten Tomaten berücksichtigen.

Das Gericht selbst ist eine delikate Allianz entgegengesetzter Geschmacksrichtungen. Die Bitterkeit der Oliven und die Säure der Tomaten kommen hier zum Ausdruck, glücklicherweise gemildert durch die Zubereitungsart. Am besten füllt man einen Lammrücken mit Olivenpüree, das in Frankreich Tapenade heißt, sodass das Fleisch die weichen Aromen dieser Früchte aufnehmen kann. Die Tomaten sollten längere Zeit gedünstet werden, damit sie vor allem Süße gewinnen. Die feste, ja dichte Textur des Lammfleisches lässt keine zu flüssigen oder zu diskreten Weine zu. Das Rezept verlangt nach einem mehr mächtigen Wein, sodass sich auf der Ebene der Dichte ein Gleichgewicht herausbildet.
Der Châteauneuf-du-Pape ist kein guter Begleiter zu zarten oder leichten Gerichten. Sie geben ihm gar nicht die Möglichkeit, seine starke Persönlichkeit und seinen mächtigen Charakter zum Ausdruck zu bringen. Die Schottersteine in der Umgebung von Châteauneuf sind ideal für die Grenache-Traube. Sie verleiht dem Châteauneuf-du-Pape Dichte, Kirsch- und Kakaonoten und ein Lederaroma. Oft ist auch ein Hauch von schwarzen Oliven zu spüren, der an die Düfte dieses Gerichts erinnert. Tragende Pfeiler dieser Kombination sind die Textur des Fleisches und die Struktur des Weins.
Ich mag den Châteauneuf-du-Pape sehr und serviere ihn nicht zu warm: bei 17 °C, umgefüllt in eine Karaffe eine Stunde vor dem Genuss. Auf diese Weise findet man ein Gleichgewicht zwischen der Frische einerseits und Samtigkeit und Seidigkeit andererseits.

Zu einem Lamm mit Olivenpüree
Hermitage Rouge
Pommard
Chinon Rouge
Bourgueil Rouge
Anjou-Villages Rouge
Ribera del Duero aus der Umgebung von Valladolid (Spanien)
Weine aus den Rebsorten Cabernet-Sauvignon und Syrah aus USA, Australien und Chile

Zu einem Châteauneuf-du-Pape Rouge
Fasanenterrine
Blätterteigpastetchen mit Stopfleber und Trüffeln
Schnepfe oder Wacholderdrossel, gebraten und flambiert mit Marc de Châteauneuf
Kaninchenpfeffer
Getrüffeltes Rinderfilet
Rehfilet mit Kastanien
Rehkeule mit Oliven
Ragout aus Waldpilzen

Die Wahl des Sommeliers
Réserve des Célestins
Château de Beaucastel
Château de la Nerthe
Château de la Gardine
Château Rayas
Clos des Papes
Domaine du Vieux Télégraphe
Domaine de la Janasse

AJACCIO Rouge

Zicklein aus dem Ofen mit Kastanien

Cabri rôti aux châtaignes

AOC
Ajaccio
Region
Korsika
Rotwein
Die AOC umfasst auch 10 % Weißweine und 40 % Rosés.
Anbaufläche
100 ha für Rotwein, insgesamt 205 ha
Rebsorten
Hauptsorte: Sciacarello
Nebensorten: Barbarossa, Nielluccio, Grenache, Cinsault

Korsen lieben im Frühjahr die jungen Zicklein. Man brät sie wie ein nordafrikanisches Méchoui im Ganzen an einem Spieß, aromatisiert sie mit duftenden Kräutern und begießt sie regelmäßig mit dem Bratensaft. Der Wein, der zum Essen gereicht wird, muss die ausgeprägten Geschmacksrichtungen und die unterschiedlichen Texturen respektieren und ins rechte Licht rücken.

Die Düfte der korsischen Garrigue finden sich im Bratensaft dieses Zickleins wieder. Im Mund schätzt man den Gegensatz zwischen den knusprigen und den geschmeidigen Anteilen des Fleisches und die stärkehaltige Süße der Kastanien, die als Beilage gereicht werden. Das Gericht gelingt allerdings nur mit vorzüglichen Zutaten.
Mit dem Wein hat man eigentlich keine Probleme. Am besten folgt man der alten Regel, dass die örtlichen Weine auch am besten zu den örtlichen Gerichten passen. So geht ein Ajaccio Rouge eine perfekte Allianz mit dem Zicklein ein. Die geografische Logik ist einer der Gründe für die Wahl, gewiss aber nicht der Einzige: Dieser Wein weist die Mächtigkeit und Großzügigkeit mediterraner Gewächse auf, zeigt aber auch eine zurückhaltende Subtilität. Die helle Farbe verrät, dass er nicht stark konzentriert ist. Trotz des nicht so stark hervortretenden Alkohols hat er Persönlichkeit.
Der Ajaccio Rouge wächst in voller Sonne auf Kalkboden und vereinigt seine volle Art mit Finesse. Von seiner aromatischen Komplexität zeugen seine Aromen nach Leder und Unterholz, seine Kirschnoten, sein Duft nach Steinobst. Entgegen einer weit verbreiteten Ansicht kann man den Ajaccio Rouge durchaus lagern. Ich habe vor kurzem einen Wein aus dem Jahr 1959 gekostet; er besaß noch schöne Aromen nach der Garrigue, nach Trockenfrüchten und eingemachten Quitten. Zusammen mit dem Zicklein muss man nur auf die Serviertemperatur Acht geben. Sie darf nicht über 16 °C liegen. Damit bewahrt der Wein seine Frische, und in der Kombination mit dem Gericht wirkt er sehr ausgeglichen. Das liegt vor allem an der Ähnlichkeit der Düfte und der Texturen.

Zicklein aus dem Ofen mit Kastanien
Arbois Rouge
Chianti Classico (Italien)
Vino Nobile di Montepulciano (Italien)

Zu einem Ajaccio Rouge
Coppa und andere korsische Wurstwaren
Lammkeule mit Kräutern
Ragout aus Frischlingsfilet
Provenzalischer Rinderschmortopf
Caponata Siciliana
Käse: Brocciu Sec

Die Wahl des Sommeliers
Clos Capitoro
Clos d'Alzeto
Domaine Comte Peraldi

1999
Réservée

FITOU

Wildschweinpfeffer mit Kastanienpüree

Civet de sanglier à la purée de marrons

AOC
Fitou
Region
Languedoc
Rotwein
Anbaufläche
2500 ha
Rebsorten
Hauptsorte:
Carignan
Nebensorten:
Grenache,
Mourvèdre,
Syrah

Ein kräftiger Wildschweinpfeffer gewinnt, wenn man ein Kastanienpüree dazu reicht, das dem gesamten Gericht eine gewisse Süße verleiht, ohne es aber zu verwässern. Man bereitet alles einen Tag vorher vor. Dieses Gericht mit dem ausgeprägten Wildgeschmack ist ein Klassiker für Jagdgesellschaften.

Wildschweingerichte erinnern mich immer an Jagdwochenenden im Herbst mit Freunden. Ich liebe diese Gerichte mit langer Kochzeit. Das Fleisch schmeckt dann wie eingemacht mit einer dichten, sehr kräftigen Sauce. Beim Pfeffer stammen die Fleischstücke von unterschiedlichen Stellen, sie sind einmal fester und einmal weicher, haben aber fast immer einen ziemlich ausgeprägten Wildgeschmack. Die Sauce soll Gewürze aus der natürlichen Umwelt des Wildschweines enthalten, etwa Wachholderbeeren. Durch ihre Geschmeidigkeit und Konzentration der Aromen zähmt sie den Wildgeschmack.

Bei einer solchen Art von Essen liebe ich es immer wieder, die ausgetretenen Pfade der großen Klassiker zu verlassen: Anstelle eines großen Burgunders – der hier sehr gut passt – wähle ich einen originelleren Wein, der etwas Witz auf die Tafel bringt. Durch seine Aromen nach Wildfrüchten, seine Noten nach Gewürzen und überreifen schwarzen Früchten, durch seine wärmende Kraft ist er ein besonders guter Begleiter zu diesem Gericht. Das gilt umso mehr, als es sich hier um einen Fitou handelt, der eher im Landesinneren als an der Küste gewachsen ist. Er weist eine kräftig gezimmerte Struktur auf, die gut zur festen Textur des Fleisches passt. Ich pflege den Fitou in eine Karaffe zu dekantieren, aber nicht mehr als 45 Minuten vor dem Essen, damit er nicht oxidiert. Fleisch und Wein werden so zu vorzüglichen Komplizen: Sie machen sich gegenseitig keine Konkurrenz, lähmen aber nicht den Gaumen, sondern tauchen solche Jagdabende in ein fantasievolles Licht.

Zu Wildschweinpfeffer
Corbières Rouge
Côtes du Roussillon-Villages
Priorat (Spanien)
Toro (Spanien)

Zu einem Fitou
Geflügel- oder Wildterrine
Salat mit geräucherter Entenbrust
Salat mit eingemachten Hühnermägen
Gegrillte Sardinen
Ente mit Oliven
Rindergulasch
Rinderschmorfleisch mit schwarzen Oliven
Pot-au-feu
Chili con Carne mit roten Bohnen
Käse: Gereifter Chabichou, Brot mit schwarzen Oliven
Schokoladentorte mit Schattenmorellen
Krokant mit Arabica-Sauce

Die Wahl des Sommeliers
Château de Nouvelles
Domaine les Mille Vignes
Domaine Bertrand Berge
Producteurs du Mont Tauch

NUITS-SAINT-GEORGES Rouge

Reh nach Oberjägerart, Selleriechips

Chevreuil grand veneur, chips de céleri

AOC
Nuits-Saint-Georges
Region
Burgund
Rotwein
Die AOC umfasst auch 2 % Weißweine.
Anbaufläche
300 ha für Rotweine, insgesamt 305 ha
Rebsorte
Pinot Noir

Diese Paarung ist mit der Begegnung zweier Riesen vergleichbar: ein ultraklassisches Rezept der französischen Küche und einer berühmtesten Weine des Burgunds, der seinen Namen der berühmten Côte de Nuits verliehen hat.

Das Reh ist ein besonders edles Wild. Sein Fleisch ist zart, schmelzend und gleichzeitig fest, der Geschmack intensiv. Die Zubereitungsart »grand veneur«, die wörtlich übersetzt »Oberjägerart« heißt, beruht auf einer Pfeffersauce mit Rotwein. Dazu kommen frische Rote Johannisbeeren, die ein Gegengewicht zum ausgeprägten Fleischgeschmack bilden. Das Gericht schmeckt seidig und samtig und kombiniert den Pfeffergeschmack mit der säuerlichen Frische der Johannisbeeren. Bei der Beilage kann man nach etwas weniger Klassischem Ausschau halten, etwa fein geschnittenen, frittierten Selleriescheiben, die in Form von Chips etwas Süße hineinbringen.
Als Begleitung für ein derart komplexes Essen benötigt man einen großen Rotwein. Da kommt einem ein Nuits-Saint-Georges in den Sinn. Es sind aber auch viele andere Lösungen möglich, ohne dass dabei Misstöne entstehen. Ich liebe den Nuits-Saint-Georges, vielleicht weil er der Lieblingswein meiner Eltern war …
Der Wein hat die ganze Dichte und Süße des Pinot Noir und bekommt im Alter einen Wildton. Er braucht Zeit, um sich ganz zu entwickeln: Zunächst lässt man ihn mindestens fünf Jahre ruhen. Dann gießt man ihn in ein Karaffe um, oder – was noch besser ist – man lässt ihn sich bei einer Temperatur von 18 °C in großen Burgundergläsern entfalten. Die Allianz, die sich zwischen Wein und Essen einstellt, ist voller Raffinesse.

Zu Reh nach Oberjägerart
Pommard
Vosne-Romanée
Châteauneuf-du-Pape Rouge
Côte-Rôtie
Pomerol
Saint-Émilion
Barbaresco (Italien)
Vino Nobile di Montepulciano (Italien)
Rioja (Spanien)
Penedés Tinto (Spanien)

Zu einem Nuits-Saint-Georges Rouge
Entenschinken auf Toast mit frischen Johannisbeeren
Wildschweinskopf
Entrecôte Weinhändlerart
Entrecôte mit Waldpilzen
Käse: Laguiole, Morbier, Saint-Nectaire

Die Wahl des Sommeliers
Clos de l'Arlot
Domaine Prieuré Roch
Maison Faiveley

ALSACE TOKAY-PINOT GRIS

Wirsingroulade mit Vier-Gewürz-Mischung

Chou farci aux épices douces

AOC
Alsace Tokay-Pinot Gris
Region
Elsass
Weißwein
Die AOC umfasst auch liebliche und likörartige Weißweine.
Anbaufläche
1350 ha
Rebsorte
Pinot Gris

Die meisten grünen Gemüsesorten haben keine Affinität zum Wein: Ihr vegetabilischer Geschmack verleiht den Rotweinen einen metallischen Ton, und das Wasser, das im Gemüse enthalten ist, verdünnt den Wein. Dieses Problem lässt sich umgehen, wenn man eine Reisfüllung mit milden Gewürzen verwendet.

Bei den Gewürzen für dieses Gericht darf man auf keinen Fall Chili nehmen! Man blanchiert die Wirsingblätter, wickelt sie um eine Füllung aus Reis, Paprika, Vier-Gewürz-Mischung und anderen exotischen Düften. Diese Vier-Gewürz-Mischung besteht aus schwarzem Pfeffer, Muskatnuss, Nelkenpulver und Ingwerpulver. Im Schmortopf verliert der Wirsing seine bittere Note, bekommt eine schmelzende Textur und einen ausgeprägten Geschmack.

Bei einem solchen Essen vermeidet man Rotwein, sofern er nicht ganz zart ist, und zieht einen erfrischenden, hinreichend duftigen Weißwein vor. In meinen Augen stellt der Alsace Tokay-Pinot Gris den besten Begleiter für diese Kohlrouladen dar. Jedenfalls ist er eine originelle Alternative für bekanntere Weißweine. Der Tokay duftet nach eingemachten Früchten und orientalischen Gewürzen und verbindet Eleganz mit aromatischer Intensität sowie einer süßen mineralischen Note. Ich liebe diesen Wein vor allem trocken; aber auch so behält er stets eine gewisse süße Spitze. Zusammen mit dem Kohl stellt sich das Gleichgewicht auch auf der Ebene der Texturen ein: schmelzender Kohl, weiche Füllung und geschmeidiger Wein. Seine Duftnoten findet man in den Gewürzen der Füllung wieder.

Man trinkt diesen Tokay-Pinot Gris, der auf Deutsch Ruländer heißt, bei 9 °C – ein unvergessliches Geschmackserlebnis, für das die Rebsorte verantwortlich ist.

Zu Wirsingroulade mit Vier-Gewürz-Mischung
Weißweine:
L'Étoile
Müller-Thurgau aus Franken
Rotweine:
Beaujolais
Côte Roannaise
Coteaux du Lyonnais

Zu einem Alsace Tokay-Pinot Gris
Blätterteiggebäck mit Mohn oder Käse, als Vorspeise
Blätterteigpastetchen mit Weinbergschnecken
Jakobsmuscheln im kurzen Sud mit Lauch
Karamellisierte Hühnerflügel
Teigtaschen mit Geflügelfleisch und Trauben
Marokkanische Taubenpastilla
Hähnchen auf chinesische Art mit Mandeln und Cashewnüssen
Käse: Maroilles, Livarot, Pont-l'Évêque
Trockene Feigen und Rosinen, Mandeln und Haselnüsse zu gebrannter Creme mit Vanille

Die Wahl des Sommeliers
Domaine Rolly Gassmann
Domaine Marc Tempé
Domaine Ernest Burn

GRAND CRU
Pinot Gris
MARC TEMPÉ

LES BAUX DE PROVENCE Rouge

Tagliatelle alla bolognese

Tagliatelles à la bolognaise

AOC
Les Baux de Provence
Region
Provence
Rotwein
Die AOC umfasst auch 20 % Rosés.
Anbaufläche
255 ha für Rotwein, insgesamt 320 ha
Rebsorten
Hauptsorten: Grenache, Syrah
Nebensorten: Mourvèdre, Cinsault, Counoise, Carignan, Cabernet-Sauvignon

Teigwaren sind die Freunde des Weins, besonders wenn sie flach sind wie die Tagliatelle. Die Bologneser Sauce allerdings, die den Tomaten breiten Raum einräumt, macht die Weinwahl nicht einfach! Zur Säure dieser Frucht kommt der leckere Duft des Hackfleisches, der zur Komplexität des Gerichts beiträgt.

Es liegt am zu dominierenden Geschmack der Tomate, wenn es so schwierig ist, einen Wein zur Bologneser Sauce zu finden. Man kann dem entgegenwirken, indem man die Sauce einkocht und dabei die Säure mit aromatischen Gewürzen, Pfeffer und etwas geriebenem Parmesan ausgleicht. Glücklicherweise gibt es bei diesem Gericht noch die Teigwaren! Ihre flache Form passt gut zum Wein, sie stört weniger als die der Spagetti. Ich ziehe frische und al dente gekochte Tagliatelle vor; sie dürfen im Kontakt mit der Sauce nicht weich werden.

Zu diesem Gericht passt natürlich zunächst ein italienischer Wein. Doch auch Südfrankreich bietet hier interessante Möglichkeiten. Die Rotweine der Ursprungsbezeichnung Les Baux de Provence sind ein Beispiel dafür. Es sind farbige, dichte Weine, die an rote Früchte erinnern und feste und auch pfeffrige, geradezu muskatartige Noten aufweisen. Sie verstärken die Aromen der provenzalischen Garrigue und passen somit gut zur Mittelmeerküche. Eine Stunde vor dem Essen gießt man sie in Karaffen um, damit sie sich entfalten können. Diese dichten, großzügigen Weine aus dem sonnigen Süden stellen angenehme Begleiter für ein sommerliches Abendessen dar.

Zu Tagliatelle alla Bolognese
Rotweine:
Cabardès
Côtes de Provence
Chianti Classico (Italien)
Valpolicella (Italien)
Montepulciano d'Abruzzo (Italien)
Corvo di Salaparuta (Sizilien, Italien)
Rosés:
Côtes de Provence
Les Baux de Provence
Cerasuolo d'Abruzzo (Italien)

Zu einem Les Baux de Provence Rouge
Portulaksalat mit Entenstopfleber
Geräucherte Entenbrust mit Trüffelölvinaigrette
Sauer eingelegte gebratene Sardinen
Gefülltes Gemüse auf Nizzaer Art
Griechisches Moussaka
Käse: Ziegenkäse wie Picodon
Demi-Sec

Die Wahl des Sommeliers
Château Romanin
Domaine Hauvette
Mas Sainte-Berthe

TAVEL

Wildsalate mit gratiniertem Ziegenkäse

Mesclun de salades au fromage de chèvre rôti

AOC
Tavel
Region
Rhônetal
Rosé
Anbaufläche
950 ha
Rebsorten
Hauptsorten: Grenache, Syrah, Cinsault
Nebensorten: Clairette, Piquepoul, Calitor, Bourboulenc, Mourvèdre, Carignan

Der Anschein trügt: Ein kleiner Salat mit Ziegenkäse erscheint harmlos, stellt aber eine große Herausforderung für einen Wein dar. Der bittere Geschmack einiger Wildsalate und die saure Zubereitung könnten trotz der ausgleichenden Präsenz des überbackenen Ziegenkäses den Akkord mit einem Wein unmöglich machen.

Ganz allgemein passen Salat und Wein nicht zusammen. Man muss dabei aber doch Unterscheidungen treffen: Chicorée ist bitter, während der Lattich mit seinen Verwandten, etwa der Endivie oder der Romana, zu einem süßeren Geschmack hin tendieren. Feldsalat und Portulak sind eher zart. Wenn man verschiedene Salate miteinander mischt, kann man das Risiko begrenzen: Feldsalat, Löwenzahn, Radicchio, Eichenblatt und Portulak ergeben zusammen eine recht angenehme Mischung. Den Essig möchte ich lieber durch etwas Zitronensaft ersetzen, weil seine Säure weniger aggressiv schmeckt. In der Vinaigrette verwenden wir Kräuter als Würze und etwas Hühnerbrühe, die das ganze Gericht etwas weicher erscheinen lässt. Den Ziegenkäse – einen Crottin oder einen Picodon – legen wir einige Augenblicke unter den Grill des Ofens – er verstärkt den Geschmack.

Der Ziegenkäse im Salat stellt uns bei der Wahl des Weines vor ein neues Problem. Zunächst würde man an einen Weißwein denken, etwa an einen Sancerre oder an einen Sauvignon von der Loire, weil beide gut zu Ziegenkäse passen. Doch durch den Salatanteil ist ein Rosé wohl die bessere Wahl, weil er Säure besser verträgt. Damit die fruchtige Frische des Weins sich nicht mit dem säuerlichen Geschmack des Salates schlägt, sollte man einen hinreichend runden, vollen Rosé wählen. Der Tavel aus dem Süden des Rhônetales bietet hier zahlreiche Vorteile: Aromen nach Johannisbeeren, Mächtigkeit und Wärme ohne Exzess.

Der Tavel ist keinesfalls ein Allerweltswein: Durch seine volle Art und Lebhaftigkeit passt er sehr gut zu diesem Salat sowie zu weiteren »schwierigen« Gerichten, etwas salzigen und gleichzeitig süßen oder stark gewürzten. Man serviert den Tavel zwischen 10 und 12 °C und berücksichtigt dabei auch sein Alter. Zu diesem Salat sollte er eher jung sein und kühl serviert werden.

Zu Wildsalaten mit gratiniertem Ziegenkäse

Rosés:
Gigondas
Coteaux du Languedoc
Vin de Corse Calvi
Sancerre oder Chinon
Côte du Jura »Corail«

Weißweine:
Sancerre
Pouilly-Fumé
Menetou-Salon
Châteauneuf-du-Pape
Vin de Pays d'Oc auf der Grundlage des Sauvignon

Zu einem Tavel

Alter 2 bis 3 Jahre, 10 °C:
Salat aus Miesmuscheln und Wildkräutern mit Himbeeressig
Kreolische Blutwurst
Fischterrine
Geflügelterrine
Taboulé

Alter 4 bis 6 Jahre, 12 °C:
Gebratenes Hähnchen
Rindfleischsaté und andere asiatische Gerichte
Schweinekoteletts mit Sauce Charcutière
Käse: Ziegen- oder Schafskäse

Die Wahl des Sommeliers

Château de Trinquevedel
Domaine de la Mordorée
Domaine Roc de l'Olivet
Domaine Verda

ANJOU-VILLAGES BRISSAC

Weicher Schafskäse

Tomme de brebis

AOC
Anjou-Villages Brissac
Region
Loire
Rotwein
Anbaufläche
100 ha
Rebsorten
Hauptsorte: Cabernet Franc
Nebensorte: Cabernet-Sauvignon

Entgegen einer weit verbreiteten Ansicht passen die meisten Käsesorten nicht zu tanninhaltigen Rotweinen! Der Tomme de brebis bildet hier eine Ausnahme, man kann ihn mit Rotwein begleiten. Er respektiert deren Textur und absorbiert deren Kraft.

Etwas Rotwein zum Käse? Leider wird diese Heirat oft zu einem Fiasko, und der vorsichtige Genießer wendet sich eher Weißweinen zu. Die dichten Tannine machen in der Tat Probleme, weil sie sich mit den meisten Käsesorten nicht vertragen, weichen wie harten, ebenso wenig mit Käsesorten mit Kruste, Ziegenkäse oder Blauschimmelkäse. Der Tomme de brebis ist einer der ganz wenigen Käse, der mit seiner feinen schmelzenden Textur dem Tanninreichtum von Rotweinen entgegentreten kann. Er verträgt sich sogar nicht einmal mit zu zarten Weinen!
Ich liebe ihn vor allem zusammen mit einem Anjou-Villages Brissac. Diese Ursprungsbezeichnung ist erst vor kurzem entstanden, und ich konnte ihre Evolution miterleben. Der Wein lief bisher unter der Bezeichnung Anjou-Villages mit, verdiente aber in der Tat eine eigene Ursprungsbezeichnung. Man stellt ihn in der Umgebung von Brissac im Wesentlichen aus der Cabernet-Franc-Traube her. Er ist in der Regel ziemlich dunkel, weist nachhaltige Noten nach schwarzen und roten Früchten, auch eine etwas vegetabilische, aber durstlöschende Seite auf, wie sie für die Cabernets typisch ist. Der Wein von Brissac fällt dichter und kräftiger aus als der Anjou ganz allgemein. Der Käse bringt dessen delikaten, doch nachhaltigen Tannine zur Geltung. Da die Ursprungsbezeichnung erst seit 1998 existiert, kann man noch wenig über die Lagerfähigkeit sagen, aber sechs oder sieben Jahre sind sicher gegeben.

Zu weichem Schafskäse
Chinon Rouge
Bourgueil Rouge
Médoc
Saint-Émilion
Irouléguy Rouge
Cahors
Bergerac Rouge
Pécharmant
Buzet Rouge

Zu einem Anjou-Villages Brissac
Verschiedene Wurstwaren
Gegrilltes Rindfleisch
Gebratene Lammkeule
Lammtopf
Rehfleisch an brauner Sauce

Die Wahl des Sommeliers
Château de Montgueret
Domaine de Montgilet
Domaine des Bonnes Gagnes
Domaine des Charbotières
Domaine des Rochelles

SAUTERNES

Birnenkuchen mit Roquefort

Tarte aux poires et au roquefort

AOC
Sauternes
Region
Bordeaux
Likörartiger Weißwein
Anbaufläche
1650 ha
Rebsorten
Hauptsorte: Sémillon
Nebensorten: Sauvignon Muscadelle

Das ist ein sehr geschickter Abschluss des Essens, weil man mit ein und demselben Gericht Käse und Dessert serviert! Das Rezept zählt sowohl zu den »salzigen Desserts« wie zu den »warmen, süßen Vorspeisen«. Bei diesem Akkord zwischen Birne, Käse und Blätterteig treffen Kontraste mit schöner aromatischer Komplexität aufeinander.

Ich liebe diesen leckeren Kuchen. Er verbindet einen feinen, knusprigen Blätterteig mit gerade gegarten, süßen Birnenstückchen und feinen Lamellen aus Roquefort, die man im letzen Augenblick hinzufügt, sodass er gerade noch schmelzen kann. Das Ergebnis ist ein Höhepunkt an Geschmeidigkeit und Raffinesse, besonders wenn man saftige Birnen mit knackigem Fleisch verwendet. Man muss im Mund das körnige Fleisch der Frucht und gleichzeitig die schmelzende aromatische Creme des warmen Roquefort spüren. Für dieses mit Aromen gesättigte Gericht muss man einen gleichwertigen Partner finden. Der Wein sollte die säuerliche Note des Kuchens berücksichtigen und gleichzeitig mit seiner voluminösen Textur der Geschmeidigkeit des Gerichts Widerstand leisten.

Es kommt eigentlich fast nur ein Sauternes in Frage. Natürlich passen auch andere likörartige Weine, doch nur mit wenigen stellt sich ein derart gelungener Akkord ein. Es war dann auch im Sauternes-Gebiet, wo ich diesem Dessert zum ersten Mal begegnete. Ich liebe die großen Sauternes wegen ihres Gleichgewichts: die ausgebreiteten Aromen des Sauvignon, die dichte Textur des Sémillon und die Fantasie, für die die Muscadelle-Traube sorgt. Als überaus raffinierter Wein geht der Sauternes nicht beliebige Kombinationen ein. Seine Noten nach eingemachten Früchten, nach Honig, seine Anklänge an Zimt, Karamell und Zitrusfrüchte, seine Kraft und Fülle lassen ihn zu einem mächtigen, komplexen Wein werden.

Man begeht oft den Fehler, ihn mit einem zu stark zuckerhaltigen Dessert zu servieren: Man übertreibt dabei, und am Ende steht ein Misslingen. Man muss vielmehr auf feinere Harmonien und auf besondere Geschmacksrichtungen setzen: Der Sauternes liebt die Gesellschaft eines leichten Currys, einer Sauce mit Safran oder Ingwer. Besonders gut passt er zu Blauschimmelkäse wie bei diesem Birnenkuchen. Ich gieße den Wein gerne in ein Karaffe um, um seine goldfarbene Robe zu zeigen. Man sollte ihn nicht zu kühl (10 °C) servieren, damit seine likörartige Seite voll zur Geltung kommt. Aber dann: was für eine Intensität und Eleganz!

Zu einem Birnenkuchen mit Roquefort

Barsac
Cadillac
Loupiac
Sainte-Croix-du-Mont
Pacherenc du Vic-Bilh Moelleux
Alsace Riesling Sélection de Grains Nobles
Vouvray Moelleux
Sémillon Botrytis von Victoria (Australien)
Constantia (Südafrika)

Zu einem Sauternes

Alter unter 10 Jahre:
Stopfleber auf Toast
Burgunder Käsepastetchen mit Safran
Gebratener Hummer mit Agrumensauce
Käse: Roquefort und andere Blauschimmelkäse
Salat aus exotischen Früchten, Kastanieneis und Ingwerziegel
Diplomatenpudding mit kandierten Früchten und Lebkuchen
Pithiviers
Alter über 10 Jahre:
Kalbsbries mit Morcheln
Kalbsmedaillons mit einer Sauternes-Trüffel-Sauce
Gebratenes Hühnchen mit kandierten Zitronen

Die Wahl des Sommeliers

Château Raymond-Lafon
Château de Rayne Vigneau
Château d'Yquem
Château Gillette
Château Lafaurie-Peyraguey
Château Rieussec
Barsac:
Château Climens
Château Doisy Daëne
Château Nairac

ALSACE GEWURZTRAMINER Vendanges Tardives

Apfelkuchen mit Zitrone

Tarte aux pommes aux effluves de citron

AOC
Alsace Gewurztraminer
Region
Elsass
Weißwein Spätlese
Die AOC umfasst vor allem trockene Weißweine.
Anbaufläche
2500 ha
Rebsorte
Gewürztraminer

Dieser Kuchen ist gelungen, wenn sich Zucker und Säure die Waage halten: Die Zitrone darf niemals über die Äpfel dominieren, sie sorgt nur für eine säuerliche Note und damit für eine Stärkung der Persönlichkeit. Der Wein hat dieses Gleichgewicht zu respektieren und darf nicht zu viel freien Zucker enthalten.

Nur feste, süße Äpfel kommen für dieses Rezept in Frage. Ich ziehe die Sorten Royal Gala, Reines des Reinettes oder andere Reinetten vor, denen das Garen nichts ausmacht. Bevor ich die Äpfel auf dem Mürbeteig verteile, reibe ich sie mit Zitrone ab. So verhindert man einen Überschuss an Säure. Ich teile die Äpfel in Hälften oder Viertel, anstatt in zu feine Scheiben, wie für eine Tarte Tatin. Die Dicke der Frucht macht eine lange Garzeit möglich, die dem Ganzen eine eher schmelzende Textur verleiht. Etwas Butter und Zucker auf die Oberfläche der Äpfel, bevor man sie in den Ofen gibt, und das ist alles! Wenn man dieses Dessert etwas säuerlicher liebt, kann man vor dem Servieren etwas Zitronenschale darüber reiben.

Ein Zusammenspiel mit einem Wein ist nur mit einigen Vorsichtsmaßnahmen möglich: Um nicht abstoßend zu schmecken, darf die Kombination nicht zu viel Zucker enthalten. Deswegen geht meine Vorliebe hier zu einem Elsässer Gewürztraminer Spätlese. Seine prächtigen Aromen nach exotischen Früchten (Litschi, Mango, Papaya), nach eingemachten Zitrusfrüchten, nach Rosen und Birnen verzaubern uns. Seine Gewürznote verleiht ihm Rasse, und sein dichter Zucker verlangt nach einem etwas säuerlichen Dessert. Unter diesen Bedingungen kann der Gewürztraminer seine ganze aromatische Palette ausspielen. Im Mund spürt man nach der Geschmeidigkeit den Zuckergehalt, doch unmittelbar danach folgt der Eindruck der Frische, die durch die Allianz mit dem Apfelkuchen noch stärker hervortritt. So ergibt sich eine totale Harmonie, besonders wenn man den Wein auf 8 bis 9 °C abkühlt, damit man die fast knusprige Note seiner Obstdüfte entdecken kann.

Zu Apfelkuchen mit Zitrone
Jurançon Moelleux
Pacherenc du Vic-Bilh Moelleux
Alsace Muscat Vendanges Tardives
Liebliche Weine von der Loire:
Jasnières, Anjou-Coteaux de la Loire, Montlouis, Vouvray

Zu einem Gewürztraminer Spätlese
Halb gegarte Entenstopfleber aus der Pfanne, gekochte Äpfel und Mangos, weißer Pfeffer
Käse: Fourme d'Ambert, Bleu de Bresse, Münster
Mangokuchen
Zitronenkuchen
Litschisuppe
Sorbets mit exotischen Früchten
Birnensorbet
Eischarlotte mit Birnen
Schneetorte mit Mango

Die Wahl des Sommeliers
Cave de Pfaffenheim
Domaine Blanck et Fils
Domaine Seppi Landemann

BONNEZEAUX

Mirabellenkuchen
Tarte aux mirabelles

AOC
Bonnezeaux
Region
Loire
Likörartiger Weißwein
Anbaufläche
120 ha
Rebsorte
Chenin

Ich liebe den Mirabellenkuchen mit seiner Safranfarbe, der etwas dicken Textur der Fruchtschale und dem schmelzenden Fleisch der Früchte! Doch Achtung: Die starke Persönlichkeit dieses Desserts schließt Weine ohne langen Abgang aus.

Ein guter Mirabellenkuchen ist nicht leicht zuzubereiten: Der Sandteig läuft Gefahr, zu viel Mirabellensaft abzubekommen, die Konditorcreme mit Vanille, die den Mirabellen als Bett dient, sollte nicht zu stark gezuckert werden, damit sich die Säure der Früchte noch bemerkbar machen kann. Ideal für dieses Dessert ist ein likörartiger, süßer Wein, der sich allerdings einen frischen Abgang bewahrt. Man kann dabei von einem hübschen Akkord zwischen den Düften des Teiges, der Steinfrüchte und der Vanille einerseits und dem Honigduft und den mineralischen Noten des Bonnezeaux andererseits sprechen.
Ich liebe die Weine dieser Ursprungsbezeichnung, die vor kurzem ihren 50-jährigen Geburtstag feiern konnte. Zu einem Mirabellenkuchen serviert man oft einen klaren Obstbrand. Doch der Bonnezeaux ist eine viel originellere Lösung. Er spielt mit komplementären Akkorden: Sich entsprechende Obstdüfte, Honigaromen, dichter Zuckergehalt, aromatische Kraft und eine frische mineralische Note sind die wichtigsten Trümpfe dieser Kombination. Im Mund ergänzen sich die Texturen harmonisch: Die Viskosität des Weines schafft eine Verbindung zwischen der Geschmeidigkeit der Konditorcreme und dem saftigen Schmelz der Früchte. Bei den aromatischen Kombinationen kommt es zu keinem Misston. Man darf keine Bedenken haben, den Bonnezeaux auch längere Zeit zu lagern: Vor kurzem probierte ich eine 50 Jahre alte Flasche und war begeistert.

Zu Mirabellenkuchen
Liebliche oder likörartige Weine:
Coteaux de l'Aubance
Alsace Tokay-Pinot Gris, Trockenbeerenauslese
Natürliche Süßweine:
Muscat de Beaumes-de-Venise
Obstbrände:
Mirabellenbrand,
Zwetschgenbrand (Quetsche), Pflümli

Zu einem Bonnezeaux
Entenstopfleberterrine
Poulardenbrust mit Stopfleber
Käse: Roquefort, schmelzender Chabichou auf gegrilltem Brot, gelagerter Saint-Marcellin
Salat mit exotischen Früchten
Kuchen mit exotischen Früchten
Sabayon mit exotischen Früchten und Agrumenschalen
Melonensuppe mit Koriandersamen
Gebrannte Creme mit Vanille
Eis mit Vanille, Karamell, Krokant, exotischen Früchten (keine roten Früchte, kein Kaffee, keine Schokolade)

Die Wahl des Sommeliers
Château des Fesles
Domaine de Terre Brune
Domaine des Gagneries
Domaine des Petits Quarts
Domaine René Renou

MUSCAT DE MIREVAL

Sorbets mit exotischen Früchten

Sorbets aux fruits exotiques

AOC
Muscat de Mireval
Region
Languedoc
Natürlicher Süßwein
Anbaufläche
260 ha
Rebsorte
Muscat

Mango, Ananas, Litschi, Banane oder auch Mandarine: Sorbets aus exotischen Früchten sorgen am Ende des Essens für eine willkommene säuerliche Frische. Damit sie nicht zu flüssig erscheinen, serviere ich dazu gern einen kleinen Mandel- oder Agrumenziegel, der etwas Knusprigkeit hineinbringt.

Gerne schließt man eine umfangreiche Mahlzeit mit einer erfrischenden Note ab. Sorbets haben hier den Vorteil, dass sie immer frisch, wenig süß und leicht wirken, weil sie eigentlich aus Wasser und Früchten bestehen. Bei einem solchen Dessert muss der Wein den Zucker bringen. Die Übereinstimmung ist aber nur dann wirklich geglückt, wenn die Aromen des Weins sich als fruchtig erweisen. Damit sind die Muskateller willkommen, denn in ihnen findet man den Geschmack frischer Trauben wieder.

Bei den französischen Muscats wurde die natürliche Gärung durch Alkoholzugabe unterbrochen. Eine besondere Harmonie stellt sich mit einem Muscat de Mireval ein. Diese kleine Ursprungsbezeichnung bei Montpellier stellt aus kleinen Muskateller-Trauben extrem fruchtige Weine her, die so viel freien Zucker enthalten, dass man sie zu Sorbets trinken kann. Es sind eher zarte Weine, die man fast kauen muss. Der Traubengeschmack wird vom feinen Alkohol unterstützt und enthält eine ganze Palette von Aromen. Es wäre ein Fehler, diese Weine mit zu stark zuckerhaltigen Desserts zu probieren.

Zu Sorbets mit exotischen Früchten ziehe ich einen jungen Muscat de Mireval vor. Er sollte ein oder zwei Jahre alt sein und eine Temperatur von 7 oder 8 °C aufweisen, damit er neben dem geeisten Dessert nicht zu warm erscheint. Man kann solche Weine auch ohne weiteres lagern. Mit zunehmendem Alter dehnen sich die Gewürznoten und die Noten nach eingemachten kandierten Früchten weiter aus und begleiten auf glückliche Weise auch gewisse salzige Gerichte.

Zu einem Sorbet mit exotischen Früchten
Barsac
Loupiac
Sainte-Croix-du-Mont
Alsace Muscat Sélection de Grains Nobles
Alsace Gewurztraminer
Alsace Riesling
Vin Santo aus der Toskana (Italien)
Deutsche Trockenbeerenauslesen
Eiswein von Pfalz und Mosel
Eiswein aus dem Gebiet von Niagara (Kanada)

Zu einem Muscat de Mireval
Ente mit Pfirsich
Stopfleber mit trockenen Feigen oder Aprikosen, Mandelbrot
Käse: Pélardon des Cévennes (trocken, mit Olivenöl)
Kandierte Zitrusfrüchte
Gebrannte Creme mit Ingwer
Gestürzte Creme
Nougateis
Tiramisu

Die Wahl des Sommeliers
Domaine de la Capelle
Domaine du Moulinas
Domaine du Mas Neuf

Andouillette mit Pommes frites »Pont-Neuf«

6 Andouillettes
Öl
1 Glas Weißwein, z.B. Petit Chablis
1 Zwiebel
Pfeffer

Die Andouillettes einölen, auf ein Bett aus fein geschnittenen Zwiebeln legen und 15 bis 20 min lang im heißen Ofen garen. Die Würste mehrmals drehen. Die Zwiebeln im austretenden Fett dünsten. Mehrmals Weißwein zugießen. Pfeffern, aber nicht salzen.
Man serviert dazu knusprige goldgelbe Pommes, die innen noch ihren Kartoffelgeschmack beibehalten haben.

Apfelkuchen mit Zitrone

1 fertiger Mürbteig
6 Äpfel, etwa Royal Gala oder Reinette
½ Zitrone
Butter
1 EL Zucker

Eine Kuchenform einbuttern und mit dem Mürbteig belegen. Äpfel schälen, mit Zitronensaft abreiben, vierteln.
Apfelscheiben auf den Kuchenboden anordnen, mit Zucker bestreuen und einige Butterflöckchen darauf verteilen. Für 30 min in den 180 °C heißen Ofen schieben. Im letzten Augenblick die Schale einer halben Zitrone über den Kuchen reiben.

Birnenkuchen mit Roquefort

1 Rolle Blätterteig
3 reife Birnen
1 EL Zucker
100 g Roquefort

Den Blätterteig in 15 cm breite Streifen schneiden. Die in feine Scheiben geschnittenen Birnen darauf anordnen, mit Zucker bestreuen und für 20 bis 25 min in den 180 °C warmen Ofen stellen. Gleich nach dem Herausnehmen feine Roquefortscheiben über dem Kuchen verteilen und schmelzen lassen. Sofort servieren.

Blätterteigkuchen mit Comtékäse und Walnüssen

2 Rollen Blätterteig
0,5 l Milch
100 g Butter
100 g Mehl
100 g Comté in Scheiben
40 g grob gehackte Walnüsse
1 Ei
Salz, Pfeffer, Muskatnuss

Die erste Teigschicht in einer ausgebutterten Form auslegen. Aus der Butter und dem Mehl eine Mehlschwitze herstellen und dabei die Milch zugeben, auf dem Feuer mit dem Besen schlagen und eindicken. Käsescheiben und Walnüsse beigeben, mit Salz, Pfeffer und einer Prise Muskatnuss würzen. Über die Teigschicht gießen, mit der zweiten Schicht abdecken, mit geschlagenem Ei bestreichen. 40 min lang bei mittlerer Hitze im Ofen backen.

Blätterteigpastetchen mit Käse aus Langres

1 Langres
6 goldgelb gebackene Pastetchen

Die Kruste des Langres entfernen und ihn für 5 min in den warmen Ofen schieben. Die noch heißen Pastetchen öffnen, in jedes einen EL cremigen Käse geben, mit dem Deckel verschließen und sofort servieren.

Blätterteigpastetchen mit Stopfleber und Trüffeln

1 Rolle Blätterteig
6 kleine Trüffel
160 g Stopfleber
1 geschlagenes Ei
Salz, Pfeffer

Aus dem Blätterteig kreisrunde Stücke mit 10 cm Durchmesser schneiden, die Ränder mit etwas geschlagenem Ei bestreichen. In die Mitte ein Stück Stopfleber und eine Trüffel legen. Ränder des Blätterteigs hochschlagen, zusammenpressen, alles mit Ei bestreichen. 20 min im Ofen bei 180 °C backen.

Bresse-Huhn mit Waldpilzen

1 Huhn aus der Bresse
50 g Butter
0,1 l Geflügelbrühe
800 g Waldpilze
2 Schalotten
Schnittlauch
Salz, Pfeffer

Das Huhn ausnehmen, würzen und bratfertig binden. Das Fett, das man im Inneren findet, würfelig schneiden und mit der Hälfte der Butter in einem Schmortopf erhitzen. Das Huhn mit der Brust nach unten hineinlegen, anbraten, schließlich wenden. Den Topf in den 220 °C heißen Ofen schieben. Öfter mit Bratensaft begießen.
In der Zwischenzeit die Waldpilze säubern, abtropfen lassen, mit etwas Butter in eine Kasserolle geben, zudecken und 5 min lang bei schwachem Feuer dünsten. Pilze herausnehmen, abtropfen lassen und den Saft aufheben. Die Pilze mit den Schalotten weiterdünsten. Das Huhn aus dem Topf nehmen, den Bratensaft entfetten, mit dem Pilzsaft und der Geflügelbrühe ablöschen. Die Sauce reduzieren, abschmecken. Das Huhn zerteilen und auf einem Pilzbett anrichten, Sauce und etwas Schnittlauch darüber geben.

Entenconfit mit Linsen

6 Stücke Entenconfit, bevorzugt Schenkel
500 g grüne Linsen
1 Zwiebel
1 Karotte
1 Speckscheibe
Thymian
Pfeffer
Knoblauch und Petersilie

Die gehackte Zwiebel, die gewürfelte Karotte und den würfelig geschnittenen Speck in etwas Entenfett andünsten. Die Linsen, den Thymian, ½ Glas Wasser hinzugeben und 15 min lang köcheln lassen.
Die Schenkel auf einer Platte 10 min in den auf 220 °C vorgeheizten Ofen legen, bis sie goldgelb sind. Die Platte entfetten und die Linsen dazugeben. Man kann über sie eine Mischung aus gehacktem Knoblauch und gehackter Petersilie, die Persillade, streuen.

Entenstopfleberterrine

1 Stopfleber von der Ente (rund 600 g)
6 g Salz
2 g Zucker
1 Prise Pfeffer
1 Prise Vier-Gewürz-Mischung
1 Schuss Armagnac
1 Schuss weißer Portwein

Die Adern aus der Leber entfernen, würzen, mit dem Alkohol begießen. In eine Terrine legen, mit einer Frischhaltefolie zudecken, 12 h im Kühlschrank marinieren lassen.
Am Tag darauf die Terrine in einen tiefen Teller legen, kochendes Wasser in den Teller gießen, mit

* *Die Rezepte sind für sechs Personen konzipiert.*

Alufolie abdecken, 50 min bei 120 °C in den Ofen stellen. Die Temperatur in der Leber messen: Sie muss am Ende 54 °C erreichen.
Das Wasserbad herausnehmen, ein zugeschnittenes Stück Brett darüber legen, beschweren, auskühlen lassen, dann in den Kühlschrank stellen. Am Tag darauf das Fett, das über das Brettchen aufgestiegen ist, schmelzen und über die Terrine gießen.
Einige Tage im Kühlschrank reifen lassen. Dann auf Toastbrotscheiben servieren, die man mit etwas grobem Salz und frisch gemahlenem Pfeffer bestreut hat.

Flusskrebse im kurzen Sud

1 kg Flusskrebse
1 l trockener Weißwein
2 zarte Karotten
1 Zwiebel mit einer Nelke darin
1 Schalotte
½ geschälte Zitrone
½ Lorbeerblatt
1 Thymiansträußchen
1 Knoblauchzehe
1 kleines Petersiliensträußchen
40 g grobes Meersalz
20 Pfefferkörner, zerdrückt
50 g Butter

Für 1 kg Flusskrebse (20 bis 25 Stück) braucht man 1 l Weißwein, etwa einen Mâcon. 0,5 l Wasser hinzufügen. Mit dem Gemüse und den Kräutern und Gewürzen 30 min lang kochen lassen. Abkühlen lassen. Danach wieder erhitzen.
Die Krebse schlachten, durch Ziehen am Schwanzfächer den Enddarm entfernen. Die Krebse 3 min lang in den kochenden Sud tauchen. Vom Feuer nehmen und im Sud abkühlen lassen. Die Krebse herausnehmen, den Sud mit Butterstückchen verfeinern, abschmecken und über die Krebse gießen.

Forelle mit Mandelsplittern

6 Forellen zu je 250 g
100 g Butter
1 EL Mehl
75 g Mandelsplitter
Saft einer Zitrone
Salz, Pfeffer

Die Forellen in Mehl wälzen, 1 EL Butter in einer Pfanne erhitzen, die Forellen darin auf beiden Seiten goldgelb anbraten. Das Feuer verringern und 10 bis 12 min weiter braten. Dabei dauernd mit flüssiger Butter beträufeln.
Forellen herausnehmen, auf einer Platte anrichten. Mit etwas Zitronensaft begießen. In einer Pfanne die Mandelsplitter mit der restlichen Butter rösten, dann über die Forellen streuen.

Frische Seeigel

Man öffnet die Seeigel an der flachen Mundseite. Mit der Spitze eines Messers bricht man den Mund auf und schneidet dann mit einer Schere den flachen Boden ab. Man wirft ihn wie auch das enthaltene Wasser weg. Nur die orangegelben Eierstöcke dieser zwittrigen Tiere sind genießbar. Man isst sie mit einem kleinen Löffel. Aus zerstampften Seeigelschalen kann man eine Creme herstellen, mit der man Eier füllen, eine Buttersauce oder eine Mayonnaise aromatisieren kann.

Gebratene Gans mit Kartoffeln nach der Art von Sarlat

1 Gans küchenfertig zusammengebunden
25 g Gänsefett
200 g frische Steinpilze
2 Trüffel aus dem Périgord
1,2 kg Kartoffeln
Salz, Pfeffer

Die gewürzte Gans auf ein Backblech legen, 3 Gläser Wasser hinzugießen und in den 180 °C heißen Ofen schieben. Die Garzeit beträgt rund eineinhalb Stunden. Fleißig mit dem Bratenfond begießen.
In der Zwischenzeit die Kartoffeln schälen und in dicke Scheiben schneiden, in Gänsefett goldbraun braten. Salzen, pfeffern. Steinpilze in einem anderen Topf anbraten und mit den fein geschnittenen Trüffeln zu den Kartoffeln geben.
Die Gans am Ende der Garzeit leicht entfetten, die Kartoffeln um sie herum anordnen. Für weitere 10 min in den leicht beheizten Ofen schieben.

Gebratene Kalbsleber mit Himbeeressig und Schwarzen Johannisbeeren

6 Scheiben Kalbsleber
Öl
25 g Butter
1 EL Mehl
0,05 l Fleischbrühe
2 EL Schwarze Johannisbeeren
Himbeeressig
Salz, Pfeffer

Die Kalbsleber leicht bemehlen und in Öl braten, auf vorgewärmte Teller legen. Den Bratensaft mit Himbeeressig ablöschen, reduzieren, Fleischbrühe und Johannisbeeren hinzugeben. Die Sauce mit Butter aufschlagen, abschmecken. Fleisch salzen und pfeffern, sofort mit Sauce servieren.

Gebratener Hummer mit milden Gewürzen

1 Hummer
50 g Butter
1 EL Olivenöl
2 Schalotten
1 Glas Palette (Weißwein)
0,15 l Crème fraîche
1 Prise Paprika und Vier-Gewürz-Mischung
Kräuter
Salz, Pfeffer

Man schneidet den Hinterleib des Hummers in Medaillons und stellt die Eingeweide (Corail) der Brust beiseite. Aus dem Rest des Panzers stellt man einen Hummerfond her.
Öl und Butter in einer Pfanne mit dickem Boden erhitzen, die Hummerstücke hineinlegen. Wenn sie rot geworden sind, mit Paprika und Vier-Gewürz-Mischung bestäuben, die gehackten Schalotten und schließlich den Wein zugeben, dann würzen. Einen Deckel auflegen und 20 min lang leise köcheln lassen. Es darf nur ganz wenig Saft übrig bleiben, sonst wird das Hummerfleisch zu weich.
Die Hummerteile herausnehmen. Den Fond der Pfanne mit dem Hummersud ablöschen, das Corail und die Crème fraîche einarbeiten. Die Hummerstücke in diese Sauce zurücklegen. Ggf. etwas mit Kräutern würzen.

Geflügelleberterrine

500 g Geflügelleber
400 g Schweinenacken
1 Knoblauchzehe
1 Schalotte
1 Petersiliensträußchen
1 Ei
1 Prise Vier-Gewürz-Mischung
1 Prise Korianderpulver
12 g Salz, 2 g Pfeffer
0,1 l Portwein
1 Schweinenetz

Den Schweinenacken (feiner Einsatz) und die Geflügelleber (grober Einsatz) durch den Fleisch-

wolf drehen. Knoblauch, Petersilie und Schalotte hacken. In einem Gefäß Fleisch, Salz, Pfeffer, Gewürze, Knoblauch, 1 EL Schalotten, 2 EL Petersilie, Ei und Portwein mischen.
Diese Füllung in die Terrine geben. Mit dem Schweinenetz abdecken, Ränder an den Seiten herunterschlagen. 6 h im Kühlschrank ruhen lassen.
Die zugedeckte Terrine im vorgeheizten Ofen bei 140 °C 1,5 h lang im Wasserbad ($^{2}/_{3}$ Terrinenhöhe) garen lassen. 15 min auf Zimmertemperatur abkühlen lassen. Oberseite der Terrine mit einem zugeschnittenen Karton und Alufolie abdecken, mit einem Gewicht beschweren. Drei Tage im Kühlschrank reifen lassen. Die Terrine hält sich eine Woche.

Gefülltes Perlhuhn mit weißen Bohnen

1 entbeintes Perlhuhn mit seinen Innereien
100 g feines Hackfleisch
600 g bereits gekochte weiße Bohnen
1 Zwiebel
2 Knoblauchzehen
0,2 l Fleischbrühe
25 g Butter
0,05 l Öl
Petersilie, Schnittlauch, Estragon
Salz, Pfeffer

Das Hackfleisch, die gehackten Innereien und die fein geschnittenen Kräuter mischen, salzen, pfeffern, etwas Knoblauch hinzugeben. Das Innere des Perlhuhns damit füllen und dieses wie einen Rollbraten mit einer Schnur umwickeln.
Das Rebhuhn in etwas Öl anbraten. Die gehackte Zwiebel zugeben und alles 20 min lang in den 220 °C heißen Ofen schieben.
Die Bohnen abtropfen lassen, um das Perlhuhn herum anordnen, mit etwas Fleischbrühe begießen und erneut in den Ofen schieben. Regelmäßig mit Fleischbrühe begießen.
Das Perlhuhn in Scheiben schneiden, auf den Bohnen anrichten. Die Sauce sollte ziemlich konzentriert sein.

Gegrillte Ochsenrippe mit Pfeffersauce

2 Ochsenrippen
Öl
Salz, Pfeffer
Für die Sauce:
2 Schalotten
50 g Butter
10 g verschiedene Pfefferkörner
0,05 l Cognac
1 Glas trockener Weißwein
0,2 l Fleischbrühe
Salz

Die beiden Seiten der Ochsenrippe mit Öl bestreichen, mindestens 20 min vor dem Grillen bei Umgebungstemperatur lagern.
Die Pfeffersauce: Die gehackten Schalotten in Butter glasig dünsten, die grob zerstoßenen Pfefferkörner hinzugeben. Mit dem Cognac flambieren, mit dem Weißwein ablöschen und stark reduzieren. Mit dem Bratensaft aufgießen und mit etwas Butter aufschlagen.
Als Begleitung zum Fleisch passen vor allem knusprig gebratene Kartoffelpuffer.

Gegrillte Querrippe vom Schwein mit gebratenen Feigen

1,2 kg Querrippe vom Schwein
12 Feigen
25 g Butter
0,1 l Olivenöl
Rosmarin, Thymian, Bohnenkraut
Koriandersamen
Zucker, Salz, Pfeffer

Die Querrippe in 6 gleiche Teile schneiden, in einen Topf mit kaltem Wasser legen, dieses zum Kochen bringen. Salzen, 5 min kochen. Herausnehmen und sorgfältig abtrocknen. Das Fleisch zusammen mit den Gewürzen und dem Öl in einen Teller legen. Mit Frischhaltefolie abdecken und darin 2 h ziehen lassen. Das Fleisch im letzten Augenblick über lebhafter Glut grillen.
Feigen einschneiden. Auf jede Frucht etwas Butter und eine Prise Zucker legen, alles für 10 bis 12 min in den 180 °C warmen Ofen schieben.
Durch das Kochen bleibt das Fleisch selbst nach dem Grillen weicher.

Gegrillter Steinbutt mit Fenchel

6 Scheiben Steinbutt zu je 180 g
4 Fenchelknollen
einige Zweige Thymian
3 EL Olivenöl
Salz, Zucker, Pfeffer aus der Mühle

Die Buttscheiben mit etwas Olivenöl bestreichen. Den Thymian entrappen, die Blätter über den Fisch streuen und alles für 30 min in den Kühlschrank stellen. In der Zwischenzeit das restliche Olivenöl in einem Kochtopf erhitzen und den fein geschnittenen Fenchel mit einer Prise Zucker hinzugeben. Salzen, pfeffern, zudecken und bei schwachem Feuer 35 bis 40 min lang dünsten – während der Kochzeit ggf. etwas Wasser hinzufügen.
Die Buttscheiben auf beiden Seiten grillen und auf einem Fenchelbett anrichten, mit feinen Fenchelblättchen garnieren.

Gekochter Schinken in Petersilienaspik

500 g Kochschinken am Stück
1 Kalbshaxe
2 Kalbsfüße
6 Schalotten
1 Glas weißen Burgunder
1 EL Essig
1 Gewürzsträußchen: Kerbel, Estragon, Petersilie
50 g gehackte Petersilie
Thymian, Lorbeer, Salz, Pfeffer

Den Schinken über Nacht in Wasser entsalzen. Kalbshaxe, die Füßchen, die Gewürzkräuter mit den Schalotten und dem Weißwein in einen Topf geben, mit Wasser auffüllen, 2 h kochen lassen. Fleischstücke herausholen, in grobe Würfel schneiden, mit allen anderen Zutaten in einer Salatschüssel anordnen, magere und fette Stücke dabei gut mischen. Kochfond durchseihen. Wenn er langsam fest wird, gehackte Petersilie und Essig hinzugeben, alles über die Fleischstücke gießen. In der Schüssel abkühlen lassen.

Geschmolzener Camembert mit Apfelscheiben

1 Camembert
3 Äpfel
20 g Butter
6 Scheiben eher dunkles Brot

Die Äpfel vierteln und 3 min auf beiden Seiten in Butter dünsten. Die Kruste des Camembert abheben und den Käse für 5 min in den auf 180 °C vorgeheizten Ofen legen. Die Apfelviertel auf die Brotscheiben verteilen und mit dem cremig gewordenen Käse überziehen.

Hirschpfeffer mit Pilzen

1,3 kg Hirschragout
1 Karotte

1 Zwiebel
1 EL Mehl
0,15 l Schweineblut (freigestellt)
1 Schalotte
1 l guter Rotwein
2 Knoblauchzehen
Cognac
0,05 l Weinessig
0,02 l Öl
1 Gewürzsträußchen (Thymian, Lorbeer, Sellerie, Petersilie)

Alle Fleischstücke mit dem grob geschnittenen Gemüse in eine Schüssel legen, Rotwein, einen Schuss Öl und einen Schuss Cognac hinzufügen. 24 h an einem kühlen Ort marinieren.
Das Fleisch herausnehmen, abtropfen lassen, mit etwas Öl in einem Topf anbraten. Gemüse hinzugeben und karamellisieren lassen.
In der Zwischenzeit die Marinade aufkochen, Schaum entfernen und durch ein Sieb geben. Fleisch und Gemüse mit einem EL Mehl bestäuben. Gut durchmischen, dann die Marinade, das Gewürzsträußchen und 2 Tassen Wasser hinzugeben. Zudecken und 2 h lang sacht köcheln lassen.
Fleisch abtropfen lassen, den Bratensaft mit dem Blut versetzen und dabei schlagen. Abschmecken und weitere 15 min lang köcheln lassen. Die Waldpilze wie Pfifferlinge oder Totentrompeten im letzten Augenblick zugeben.

Jakobsmuscheln mit Butter-Schalotten-Sauce

Das feste weiße Muskelfleisch von 18 Jakobsmuscheln
einige Tropfen Öl
Salz, Pfeffer
Für die Sauce:
3 Schalotten
0,1 l Weißwein
1 Schuss Weißweinessig
150 g leicht gesalzene Butter
Salz, Pfeffer

Das Muskelfleisch der Muscheln der Dicke nach zweiteilen. Teflonpfanne leicht einölen, scharf erhitzen, Muskelfleisch hineingeben. Nach 2 min wenden, dann herausnehmen: Es muss außen überall goldgelb gebraten sein, das Fleisch aber sollte innen perlmuttfarben bleiben. Sofort servieren.
Die Sauce: Die Butter in kleine Würfel schneiden und kühl stellen. Den Wein und die gehackten Schalotten reduzieren. Dann nach und nach bei kleinem Feuer die Butter beigeben und mit dem Besen schlagen. Am Ende Essig beigeben, salzen und pfeffern.
Diese Sauce ist delikat und fällt leicht auseinander. Deswegen bereitet man sie im letzten Augenblick zu.

Jungente mit weißen Rübchen

1 Jungente von 1,5 kg
1 kg junge weiße Rübchen
125 g kleine Zwiebeln
0,05 l Weißwein
0,25 l Geflügelbrühe
0,05 l Madeira
Öl, Butter
Zucker, Pfeffer, Salz

Die Ente würzen, bratfertig binden und in einem Schmortopf anbraten. Wenn sie überall goldgelb ist, die Zwiebelchen hinzugeben, anbraten, Madeira, Weißwein und Geflügelbrühe hinzugießen. Den Topf verschließen, 50 min lang köcheln lassen, dabei die Ente regelmäßig mit dem Bratenfond begießen.
In der Zwischenzeit die Rübchen schälen, vierteln, in einen Topf geben, Wasser auffüllen. Etwas Butter, 2 Prisen Salz und einen TL Zucker hinzugeben und so lange kochen, bis die Flüssigkeit ganz verdampft ist.
Fünf Minuten vor dem Ende der Schmorzeit der Ente gibt man die Rübchen dazu, damit sie den Bratensaft aufnehmen.

Kalbsschnitzel mit Zitrusfrüchten und Endivien

6 Kalbsschnitzel
25 g Butter
Öl
6 gekochte Endivien
3 Clementinen
1 Glas helles Bier
0,1 l Sahne
Zucker, Salz, Pfeffer

Die Endivien halbieren, mit etwas Butter und Zucker in einer Pfanne oberflächlich karamellisieren. Beiseite stellen.
Die Schnitzel in etwas Butter braten, den Saft mit Bier ablöschen, auf drei Viertel einkochen. Sahne hinzugeben und abschmecken.
Die geschälten Clementinenschnitze in Butter anbraten.
Auf dem Teller Schnitzel, Endivienhälften und Clementinen anordnen und alles mit Sauce übergießen.

Kandierte Orangenschalen mit schwarzer Schokolade

Kandierte Schale von 6 Orangen
200 g bittere dunkle Schokolade
Butterbrotpapier

Die dunkle Schokolade entweder im Wasserbad oder im Mikrowellengerät zum Schmelzen bringen. Die kandierten Orangenschalen darin eintauchen und sachte aufs Butterbrotpapier legen. Dort abkühlen lassen.

Lachs mit Sauerampfer

6 Scheiben Lachs zu je 120 g
1 Glas trockener Weißwein
1 Tasse Fischfond
2 EL Vermouth Blanc
2 Schalotten
0,2 l Sahne
80 g frischer Sauerampfer
feines und grobes Salz, Pfeffer

Lachsscheiben salzen und pfeffern, mit der Hautseite nach unten in eine leicht eingeölte Teflonpfanne legen. Bei kleinem Feuer 8 bis 10 min lang braten.
Sauce: Den Weißwein, den Fischfond und den Vermouth in eine Kasserolle gießen, auf die Hälfte reduzieren, Sahne dazugießen und erneut reduzieren, bis eine geschmeidige Konsistenz erreicht ist. Dann die zerkleinerten Ampferblätter hinzugeben. Abschmecken. Sauce in die vorgewärmten Teller verteilen, die Lachsscheiben darüber legen, alles mit grobem Salz bestreuen.

Lamm mit Olivenpüree und gedünsteten Tomaten

1 Lammrücken, entbeint
100 g Püree aus schwarzen Oliven (Tapenade)
0,05 l Olivenöl
25 g Butter
10 kleine, frische, reife Tomaten
0,1 l Fleischbrühe
entrappter Thymian
Salz, Pfeffer

Den Lammrücken flach auf die Arbeitsfläche legen, das Innere mit Olivenpüree bestreichen und mit Thymian bestreuen, einrollen, küchenfertig binden. Öl und Butter in einen flachen Topf brin-

gen, Fleisch hineinlegen und in einen auf 220 °C vorgeheizten Ofen schieben. Wenn das Fleisch Farbe annimmt, wenden und reichlich mit Bratenfett begießen. Man rechnet 24 min als Garzeit für ein Kilo.
5 min vor dem Ende der Garzeit legt man die Tomaten um das Fleisch. Danach kümmert man sich um die Sauce: Fleisch entnehmen, Fond etwas entfetten, ein Glas Wasser dazugießen, aufkochen und abschmecken.

Lammkeule »Sieben Stunden« mit Saubohnen

1 Lammkeule zu 2,5 kg
10 Knoblauchzehen
5 große Zwiebeln
4 Tomaten
2 Gläser Weißwein
0,2 l Fleischbrühe
800 g frische, gekochte Saubohnen
0,05 l Öl
25 g Butter
1 Gewürzsträußchen
Salz, Pfeffer

Die Lammkeule in einem großen Topf in Butter und Öl anbraten, leicht entfetten, die grob geschnittenen Zwiebeln, die geviertelten Tomaten, den zerstoßenen Knoblauch und das Gewürzsträußchen hinzugeben.
Einige Minuten auf schwachem Feuer kochen lassen und dabei dauernd umrühren. Weißwein und Fleischbrühe hinzugießen, zudecken, dann 7 h lang im Ofen bei 140 °C garen. In dieser Kochzeit ggf. etwas Wasser hinzugeben.
Die Keule sachte aus dem Topf heben, warm stellen, die Sauce passieren, abschmecken. Das Fleisch auf Saubohnen mit etwas Butter servieren, mit Sauce begießen.

Lasagne mit Meeresfrüchten

200 g frische Lasagne
3 kg Muscheln (Venus-, Teppich- und Jakobsmuscheln)
100 g geschälte Garnelen
1 Knoblauchzehe
1 EL gehackte Petersilie
25 g Paniermehl
0,25 l Fischfond
0,2 l Sahne
1 Glas trockener Weißwein
Salz, Pfeffer

Die Muscheln in Wasser und Wein kochen, aus der Schale nehmen. Den Sud beiseite stellen.
Den Fischfond mit dem Muschelsud und der Sahne einkochen. Wenn diese Sauce dicker wird, die Muscheln, die Garnelenschwänze, den fein gehackten Knoblauch und die Petersilie zugeben. Abschmecken.
Den Boden eines flachen Topfes mit Muscheln und Sauce bedecken, Lasagne darüber legen und bis zur letzten Schicht so fortfahren. Die oberste Lasagneschicht mit Sauce bedecken, mit Paniermehl bestreuen. 15 min lang im Ofen bei 210 °C gratinieren.

Lauwarmer Spargel mit Gribichesauce

24 Spargel, grobes Salz
Für die Sauce:
1 hart gekochtes Ei
1 TL Senf
0,2 l Öl
2 EL Kapern
1 gehackte Schalotte
2 EL gehackte Kräuter (Kerbel, Estragon, Schnittlauch)
Weißweinessig
Salz, Pfeffer

Spargel schälen, in viel Salzwasser kochen, auf einem Tuch abtropfen lassen.
Die Sauce: Das Eigelb mit dem Senf vermischen, Öl nach und nach mit einem Schneebesen dazugeben. Gehacktes Eiweiß, Kapern, Kräuter und Schalotten hinzugeben. Salzen, pfeffern, mit dem Essig verdünnen.

Lauwarmes Stockfischpüree

600 g Stockfisch
1 Kartoffel
0,1 l Milch
0,3 l Olivenöl
1 Knoblauchzehe
1 Zitrone
Pfeffer

Den Stockfisch 12 h lang wässern und das Wasser mehrmals wechseln. Haut und Gräten entfernen. Den Stockfisch in einen Topf legen, mit kaltem Wasser zudecken und 15 min bei leisem Feuer kochen. Herausnehmen, abtropfen lassen und in einem Mörser zu einer Paste zerstampfen. Die gekochte Kartoffel, die zerquetschte Knoblauchzehe, nach und nach das lauwarme Öl und schließlich die lauwarme Milch hinzugeben und die Paste dabei weiter bearbeiten. Mit einigen Tropfen Zitronensaft und weißem Pfeffer würzen.
Man serviert dieses Püree mit gerösteten Brotscheiben.

Miesmuschelsuppe

2 l Miesmuscheln
80 g Butter
80 g Mehl
Salz, Pfeffer
1 Knoblauchzehe
1 Eigelb
$^{1}/_{2}$ Zitrone
gehackte Petersilie
Curry

Die Miesmuscheln in Wasser kochen, sodass sie aufgehen, je eine Schalenhälfte entfernen, in die Wärme stellen.
Aus der Butter und dem Mehl eine Mehlschwitze herstellen, mit 0,25 l Muschelsud vermischen. Salzen, pfeffern. Etwas gehackten Knoblauch beigeben und die Sauce aufkochen. Mit dem Eigelb und dem Zitronensaft binden, mit einer Prise Curry würzen. Die auf einem Teller angerichteten Muscheln mit der Sauce überziehen.

Mirabellenkuchen

1 Rolle Blätterteig
800 g Mirabellen
2 EL Zucker
50 g Konditorcreme

Eine Kuchenform ausbuttern, mit Teig belegen, dann eine dünne Schicht Konditorcreme darüber streichen. Mirabellen entsteinen, auf dem Teig anordnen, mit Zucker bestreuen. Für 30 bis 35 min in den 180 °C heißen Ofen schieben.

Neunauge auf Bordelaiser Art

1 kg Neunaugen
8 bis 10 Lauchstangen
0,5 l Rotwein
150 g Schinken
50 g Butter
2 EL Mehl
0,1 l Cognac
1 Zwiebel
1 Gewürzsträußchen
Salz, Pfeffer

Das Neunauge am Kopf aufhängen, das Schwanzende abschneiden und das ausfließende Blut in

einer Schüssel auffangen, die bereits ein Glas Rotwein enthält.
Den Fisch einige Minuten in kochendes Wasser legen, dann mit einem Messer die Schleimschicht auf der Haut entfernen. Den Fisch in Stücke schneiden, diese in eine Terrine mit dem Wein-Blut-Gemisch, Salz, Pfeffer und Zwiebelscheiben legen.
Den Lauch zubereiten und nur die ganz weißen Teile behalten. Diese in einem Topf in Öl anbraten, den würfelig geschnittenen Schinken beigeben. Mit Mehl bestäuben und mit Rotwein begießen. Das Gewürzsträußchen, Salz und Pfeffer hinzugeben und auf die Hälfte des ursprünglichen Volumens einkochen.
Die Fischstücke hineinlegen und bei schwachem Feuer 45 min lang garen. Gewürzsträußchen herausnehmen, mit gerösteten Brotscheiben servieren.

Petersfisch mit Lorbeer und Zucchini

6 Filets vom Petersfisch
12 Lorbeerblätter
3 EL Olivenöl
3 Zucchini
1 Knoblauchzehe
Salz und Pfeffer aus der Mühle

Die Zucchini mit einem Schälmesser in feine Lamellen schneiden. Zusammen mit der zerdrückten Knoblauchzehe und etwas Olivenöl 3 bis 4 min anbraten, leicht salzen und dann warm stellen.
Mithilfe eines Messers die Lorbeerblätter unter die Fischhaut schieben. Die Filets mit der Haut nach unten in eine heiße eingeölte Pfanne legen, nach 5 min wenden. Deckel auflegen und 6 bis 7 min leicht weitergaren.
Auf jeden vorgewärmten Teller einige Zucchinilamellen und ein Filet legen, einen Schuss Olivenöl und etwas Salz darüber geben.

Pochierte Eier mit Weinsauce

8 Eier
0,2 l Weinessig
Für die Sauce:
1 gehackte Schalotte
100 g Champignons
100 g Butter
0,3 l Rotwein
1 EL gehackter Schnittlauch
100 g Speckwürfel
1 Brühwürfel
4 Brotscheiben
1 Knoblauchzehe
Salz, Pfeffer

0,2 l Wasser mit dem Essig zum Köcheln bringen. Jedes Ei in einer eigenen Tasse aufschlagen, langsam in das köchelnde Wasser gleiten lassen, 4 min darin belassen, herausholen, abtropfen lassen, beiseite stellen.
Die Sauce: Die Schalotte, die geschnittenen Pilze und den Speck andünsten, mit dem Rotwein aufgießen, Brühwürfel hinzugeben und 10 min lang einkochen lassen. Die Butter in kleinen Stückchen mit dem Besen einarbeiten. Salzen, pfeffern. Die Eier auf geröstete, mit Knoblauch eingeriebene Brotscheiben legen.

Pot-au-feu mit Hühnchen

1 Huhn mit 1,3 kg
Frühlingsgemüse: kleine Karotten, weiße Rübchen, junger Lauch, Selleriestangen, Pastinaken
1 Zwiebel gespickt mit Nelken
2 Knoblauchzehen
1 Glas trockener Weißwein
1 Gewürzsträußchen
0,2 l Crème fraîche
Salz, Pfefferkörner

Das Huhn in einen großen Kochtopf legen, mit Wasser bedecken, zum Kochen bringen und den Schaum sorgfältig entfernen. Den Weißwein hinzugießen, salzen und pfeffern, Zwiebel, Gewürzsträußchen, Knoblauchzehen und einige Pfefferkörner hinzugeben. 30 min lang kochen lassen. Die Gemüse hinzugeben und weitere 15 min kochen.
Das Huhn herausnehmen, zerteilen und zusammen mit dem Gemüse auf einem Teller anrichten. Etwas Brühe entnehmen, mit der Crème fraîche reduzieren, abschmecken. Das Huhn mit der Sauce übergießen.

Provenzalisches Rinderschmorfleisch mit schwarzen Oliven

1,2 kg Rinderschulter, in grobe Würfel geschnitten
1 l Rotwein
0,05 l Branntwein (Marc)
1 Karotte
2 Zwiebeln
1 Gewürzsträußchen (Thymian, Lorbeer, Rosmarin, Sellerie)
10 Knoblauchzehen
0,05 l Öl
300 g Tomaten
1 Schweineschwarte
100 g schwarze Oliven
Salz, Pfefferkörner

Das Fleisch marinieren in einer Mischung aus Rotwein, Marc, Karotte und Zwiebel (geschnitten), Gewürzsträußchen, Knoblauch, Pfefferkörnern und einem Schuss Öl. Eine Nacht im Kühlschrank ziehen lassen.
Öl in einem großen Schmortopf erhitzen, das abgetropfte Fleisch darin anbraten, Gemüse hinzufügen. Herausnehmen und beiseite stellen.
Die Marinade in einem anderen Topf zum Kochen bringen, den Schaum sorgfältig entfernen.
Die Schwarte auf dem Boden des Schmortopfes ausbreiten, Fleisch und Gemüse hinzugeben, Marinade hinzugießen, gehackte Tomaten beigeben, salzen. Zudecken und 3 h auf sehr schwachem Feuer, dann 2 h im Ofen bei 180 °C garen. Im letzten Augenblick Gewürzsträußchen herausnehmen und Oliven zugeben.
Solche Schmortöpfe schmecken aufgewärmt noch besser.

Reh nach Oberjägerart, Selleriechips

900 g Rehfilet oder 12 Rehkoteletts
1 Prise Thymianblätter
5 g Wacholderbeeren
5 g Pfefferkörner
5 g Korianderkörner
1 Lorbeerblatt
1 Schuss Weinessig
1 Schuss Armagnac
Öl
Salz
Für die Sauce Oberjägerart:
0,03 l Pfeffersauce
1 TL Gelee aus Schwarzen Johannisbeeren
0,05 l Crème fraîche
Salz, Pfeffer
Für die Selleriechips:
1 Sellerieknolle
1 EL Mehl
Öl zum Frittieren

Das Fleisch mit den gemahlenen Gewürzen, dem Essig, dem Armagnac und etwas Öl eine Nacht marinieren, mit Frischhaltefolie abdecken. Die

Marinade sollte sehr knapp sein und das Fleisch gerade mal umgeben.
Das Filet in Butter und Öl braten, herausnehmen und einige Minuten in der Wärme stehen lassen, dann in Scheiben schneiden.
Die Sauce Oberjägerart:
Pfeffersauce erhitzen, Gelee und Crème fraîche hinzugeben, abschmecken und in eine Sauciere gießen.
Für die Selleriechips:
Die Knolle in Stangen mit einer Kantenlänge von 2 bis 3 cm schneiden. Daraus schneidet man 2 mm dicke Scheiben. Diese leicht bemehlen und goldgelb in Öl frittieren. Herausnehmen, auf Küchenkrepp legen, nur leicht salzen.

Rinderfilet in Teigmantel mit Pilzen und Artischocken

1,2 kg Rinderfilet
6 gekochte Artischockenböden
200 g Champignons (oder 40 g Trüffel)
1 Knoblauchzehe
1 Rolle Blätterteig
1 geschlagenes Ei
50 g Butter
Salz, Pfeffer
Für die Sauce:
0,2 l Fleischbrühe
2 EL Püree aus Schwarzen Johannisbeeren
25 g Butter
Die Artischockenböden fein schneiden und mit etwas Knoblauch in Butter anbraten. Die Pilze fein schneiden und in etwas Butter anbraten. Das Filet in einem Topf auf allen Seiten anbraten, würzen und im Kühlschrank abkühlen lassen.
Den Blätterteig ausbreiten, die Artischocken und dann das Filet darauf geben. Mit Pilzen bestreuen. Die Blätterteigumhüllung schließen, mit dem Ei bestreichen. 10 min lang bei 220 °C, dann 15 min bei 180 °C im Ofen garen.
In der Zwischenzeit die Fleischbrühe erhitzen, abschmecken, Schwarze Johannisbeeren zugeben, mit Butter aufschlagen, warm halten.
Das Filet aus dem Ofen nehmen, 5 min ruhen lassen und dann sofort servieren.

Risotto mit Garnelen und Curry

250 g Risottoreis (Arborio oder Carnaroli)
0,05 l Öl
1 Glas Weißwein
1 Zwiebel
6 große Garnelen
50 g geriebener Parmesan
50 g Butter
0,5 l Fischfond
1 EL Curry
Salz, Pfeffer
Zwiebel sehr fein schneiden, in Öl leicht glasig dünsten. Reis hinzugeben und gut durchmischen, damit alle Körner das Öl in sich aufnehmen. Weißwein und Fond hinzugießen, erhitzen und während des Kochens dauernd umrühren.
Regelmäßig heißen Fond zugeben. Wenn der Reis alle Feuchtigkeit in sich aufgenommen hat, aber noch etwas fest ist, die Butter in Stückchen, die Garnelen und den Curry beigeben und mit einem Spatel umrühren.
Abschmecken, mit Parmesan würzen und heiß auftragen.

Rotbarbe mit Olivenpüree

6 kleine geschuppte, aber nicht ausgenommene Rotbarben
2 El Olivenöl
25 g Butter
100 g Olivenpüree (Tapenade)
100 g Camarguereis
50 g leicht gesalzener Speck
2 kleine neue Zwiebeln
Salz, Pfeffer
Reis: Die gehackten Zwiebeln und den würfelig geschnittenen Speck in 1 El Öl dünsten, den Reis und 0,15 l Wasser hinzufügen. Mit Salz und Rosmarin würzen. Topf zudecken und auf leisem Feuer 18 min lang köcheln lassen.
Die Rotbarben leicht in Mehl wälzen, im restlichen Olivenöl und etwas Butter in einer Pfanne braten. Je eine fertige Rotbarbe auf einen Teller legen, einen EL Olivenpüree hinzugeben, etwas Butter aus der Pfanne darüber gießen und mit dem Reis servieren.

Soufflé mit Beaufortkäse

40 g Butter
40 g Mehl
0,4 l Milch
5 Eidotter
6 Eiweiß
20 g Butter
100 g geriebener Beaufort
Muskatnuss, Salz, Pfeffer
Aus der Butter, dem Mehl und der Milch eine Bechamelsauce herstellen. Salzen, pfeffern, mit Muskat würzen. Den Beaufort, die 5 Eigelb und die 6 zu steifem Schnee geschlagenen Eiweiß einarbeiten. Alles in eine ausgebutterte und mit Mehl bestäubte Form (Durchmesser 20 cm) gießen, 30 min im 220 °C heißen Ofen backen.

Tagliatelle alla bolognese

250 g frische Tagliatelle
1 Dose geschälte Tomaten (Pelati)
200 g Rinderhack
1 Zwiebel
2 Knoblauchzehen
0,2 l Öl
Thymian, Rosmarin, Oreganum
Salz, Pfeffer
geriebener Parmesan nach Belieben
Die gehackte Zwiebel und das Hackfleisch im Öl anbraten, die zerdrückte Knoblauchzehe und die Tomaten zugeben. Abschmecken und die Gewürze darüber streuen, bei geschlossenem Deckel 30 bis 40 min lang dünsten.
Die Tagliatelle in einem großen Topf mit Salzwasser al dente kochen. Wasser abgießen, die Nudeln auf den Tellern anrichten, großzügig Bolognese darüber geben und mit geriebenem Parmesan bestreuen.

Taube mit Wirsing

6 kleine Tauben
25 g Butter
50 g Speck
$^1/_2$ blanchierten Wirsing
0,25 l Geflügelbrühe
1 Glas trockener Rotwein
1 Zwiebel
1 Knoblauchzehe
Thymian, Lorbeer, Salz, Pfeffer
Die Tauben in Butter anbraten, dann herausnehmen. Die Speckstreifen, die gehackte Zwiebel und den zerdrückten Knoblauch darin dünsten.
Die blanchierten Wirsingblätter auf dem Boden des Kochtopfs anordnen. Tauben hineinlegen. Mit Weißwein und Geflügelbrühe begießen. Thymian, Lorbeer, Salz und Pfeffer hinzugeben. Zudecken und 15 min lang köcheln lassen. Tauben herausnehmen und warm stellen. Den Kohl etwa 20 min lang weiterkochen und dabei ggf. etwas Wasser hinzugeben. Die Tauben auf dem weich gekochten Kohl servieren.

Die halbfett abgedruckten Seitenzahlen verweisen auf den Haupteintrag eines Weines oder Gerichtes.

L

M

C

Pol Roger
51200 Epernay
Tel. 03 26 59 58 00

Pommery
51100 Reims
Tel. 03 26 61 62 63

Roederer
51100 Reims
Tel. 03 26 40 42 11

Ruinart
51100 Reims
Tel. 03 26 77 51 51

Salon
51190 Le Mesnil-sur-Oger
Tel. 03 26 57 51 65

Selosse
51190 Avize
Tel. 03 26 57 53 56

Veuve Clicquot Ponsardin
51100 Reims
Tel. 03 26 89 54 40

CHAMPAGNE Rosé

Billecart-Salmon
51160 Mareuil-sur-Ay
Tel. 03 26 52 60 22

Bollinger
51160 Ay
Tel. 03 26 53 33 66

Deutz
51160 Ay
Tel. 03 26 56 94 00

Gosset
51160 Ay
Tel. 03 26 56 99 56

Krug
51100 Reims
Tel. 03 26 84 44 20

Taittinger
51061 Reims Cedex
Tel. 03 26 85 45 35

Perrier-Jouët
51200 Épernay
Tel. 03 26 53 38 00

CHÂTEAU-CHALON

Domaine Jean-Marie Courbet
39210 Nevy-sur-Seille
Tel. 03 84 85 28 70

Domaine Jean Macle
39210 Château-Chalon
Tel. 03 84 85 21 85

Domaine Jacques et Barbara Durand-Perron
39210 Voiteur
Tel. 03 84 44 66 80

CHÂTEAUNEUF-DU-PAPE Blanc

Château Mont-Redon
84230 Châteauneuf-du-Pape
Tel. 04 90 83 72 75

Clos du Mont Olivet
84230 Châteauneuf-du-Pape
Tel. 04 90 83 72 46

Domaine de Beaurenard
84230 Châteauneuf-du-Pape
Tel. 04 90 83 71 79

Domaine de Nalys
84230 Châteauneuf-du-Pape
Tel. 04 90 83 72 52

Domaine Marchand
84230 Châteauneuf-du-Pape
Tel. 04 90 83 70 34

CHÂTEAUNEUF-DU-PAPE Rouge

Château de Beaucastel
84360 Courthezon
Tel. 04 90 70 41 00

Château de la Nerthe
84230 Châteauneuf-du-Pape
Tel. 04 90 83 70 11

Château de la Gardine
84230 Châteauneuf-du-Pape
Tel. 04 90 83 73 20

Château Rayas
84230 Châteauneuf-du-Pape
Tel. 04 90 83 73 09

Clos des Papes
84230 Châteauneuf-du-Pape
Tel. 04 90 83 70 13

Domaine du Vieux Télégraphe
84370 Bedarridès
Tel. 04 90 33 00 31

Domaine de la Janasse
84350 Courthezon
Tel. 04 90 70 86 29

Réserve des Célestins
84230 Châteauneuf-du-Pape
Tel. 04 90 83 73 08

CIDRE

Le Père Jules
14100 Saint-Désir
Tel. 02 31 61 14 57

Château de Hauteville
53250 Charchigne
Tel. 02 43 03 95 72

Domaine Louis Dupont
14430 Victot-Pontfol
Tel. 02 31 63 24 24

Les Vergers du Pays d'Auge
61120 Vimoutiers
Tel. 02 33 36 28 21

Manoir La Brière des Fontaines
14340 Cambremer
Tel. 02 31 63 01 09

Christian Drouin SA
42, rue du Général Giraud
76000 Rouen
Tel. 02 35 89 99 54

CONDRIEU

Domaine Cuilleron
42410 Chavanay
Tel. 04 74 87 02 37

Domaine Vernay
69420 Condrieu
Tel. 04 74 56 81 81

Domaine Gaillard
42520 Malleval
Tel. 04 74 87 13 10

Domaine Perret
42410 Chavanay
Tel. 04 74 87 24 74

Domaine Villard
42410 Saint-Michel-sur-Rhône
Tel. 04 74 56 83 60

CORTON-CHARLEMAGNE

Domaine Bonneau du Martray
21420 Pernand-Vergelesses
Tel. 03 80 21 50 64

Domaine Chevalier
21550 Ladoix-Serrigny
Tel. 03 80 26 46 30

Domaine du Pavillon
21200 Beaune
Tel. 03 80 24 37 37

Domaine Michel Juillot
71640 Mercurey
Tel. 03 85 98 99 89

COSTIÈRES DE NÎMES Rouge

Château Bolchet
30132 Caissargues
Tel. 04 66 38 05 65

Château de Campuget
30129 Manduel
Tel. 04 66 20 20 15

Château de l'Amarine
30129 Manduel
Tel. 04 66 20 20 15

Château La Tuilerie
30900 Nîmes
Tel. 04 66 70 07 52

Château Mas Neuf des Costières
30600 Gallician
Tel. 04 66 73 33 23

Château Mourgues du Grès
30300 Beaucaire
Tel. 04 66 59 46 10

CÔTE-RÔTIE

Domaine Jean-Michel Gerin
69420 Ampuis
Tel. 04 74 56 16 56

Château d'Ampuis Guigal
69420 Ampuis
Tel. 04 74 56 10 22

Domaine Burgaud
69420 Ampuis
Tel. 04 74 56 11 86

Domaine Clusel Roch
69420 Ampuis
Tel. 04 74 56 15 95

Domaine Duclaux
69420 Tupin-et-Semons
Tel. 04 74 59 56 30

Domaine Jamet
69420 Ampuis
Tel. 04 74 56 12 57

Domaine Stephan
69420 Tupin-et-Semons
Tel. 04 74 56 62 66

COTEAUX DU LANGUEDOC Blanc

Château L'Hospitalet
11100 Narbonne
Tel. 04 68 45 27 10

Château Puech-Haut
34160 Saint-Drezery
Tel. 04 67 86 93 70

Domaine Les Aurelles
34720 Caux
Tel. 04 67 98 46 21

Domaine Saint-Jean-de-Bebian
34120 Pézenas
Tel. 04 67 98 13 60

COTEAUX DU LANGUEDOC Rouge

Château de Capitoul
11100 Narbonne
Tel. 04 68 49 23 30

Château de l'Engarran
34880 Laverune
Tel. 04 67 47 00 02

Clos Marie
34270 Lauret
Tel. 04 67 59 06 96

Domaine d'Aupilhac
34150 Montpeyroux
Tel. 04 67 96 61 19

Domaine de l'Aiguelière
34150 Montpeyroux
Tel. 04 67 96 61 43

Domaine Durand Camillo
34720 Caux
Tel. 04 67 09 32 46

Domaine l'Hortus
34270 Valflaunes
Tel. 04 67 55 31 20

Mas Bruguière
34270 Valflaunes
Tel. 04 67 55 20 97

Mas Jullien
34725 Jonquières
Tel. 04 67 96 60 04

CÔTES DE PROVENCE Rosé

Château Barbeyrolles
83580 Gassin
Tel. 04 94 56 33 58

Château des Garcinières
83310 Cogolin
Tel. 04 94 56 02 85

Château Les Valentines
83250 La Londe-les-Maures
Tel. 04 94 15 95 50

Château Sainte-Roseline
83460 Les Arcs
Tel. 04 94 99 50 30

Domaine de Saint-Ser
13114 Puyloubier
Tel. 04 42 66 30 81

Mas de Cadenet
13530 Trets
Tel. 04 42 29 21 59

CÔTES DU JURA Vin de Paille

Château d'Arlay
39140 Arlay
Tel. 03 84 85 04 22

Domaine Badoz
39800 Poligny
Tel. 03 84 37 11 85

Domaine Labet Père et Fils
39190 Rotalier
Tel. 03 84 25 11 13

Domaine Rousselot Pailley
39210 Lavigny
Tel. 03 84 25 38 38

FITOU

Château de Nouvelles
11480 La Palme
Tel. 04 68 45 40 03

Domaine Les Mille Vignes
11480 La Palme
Tel. 04 68 48 57 14

Domaine Bertrand Berge
11350 Paziols
Tel. 04 68 45 41 73

Producteurs du Mont Tauch
11350 Tuchan
Tel. 04 68 45 41 08

HERMITAGE Blanc

Cave de Tain
26600 Tain-l'Hermitage
Tel. 04 75 08 20 87

Domaine Ferraton
26600 Tain-l'Hermitage
Tel. 04 75 08 59 51

Domaine Marc Sorrel
26600 Tain-l'Hermitage
Tel. 04 75 07 10 07

Château Haut-Brion
33602 Pessac
Tel. 05 56 00 29 30

Château Malartic-Lagravière
33850 Léognan
Tel. 05 56 64 75 08

Château La Louvière
33850 Léognan
Tel. 05 57 25 58 58

Château Pape Clément
33600 Pessac
Tel. 05 57 26 38 38

POMEROL

Château Clos du Clocher
33500 Pomerol
Tel. 05 57 51 62 17

Château Croix de Gay
33500 Pomerol
Tel. 05 57 51 19 05

Château la Conseillante
33500 Pomerol
Tel. 05 57 51 15 32

Château l'Église-Clinet
33500 Pomerol
Tel. 05 57 25 96 59

Château Lafleur
33240 Mouillac
Tel. 05 57 84 44 03

Château Le Bon Pasteur
33500 Pomerol
Tel. 05 57 51 10 94

Château Mazeyres
33501 Libourne
Tel. 05 57 51 00 48

Château Petit-Village
33500 Pomerol
Tel. 05 57 51 21 08

Château Trotanoy
33500 Pomerol
Tel. 05 57 51 78 96

Vieux Château Certan
33500 Pomerol
Tel. 05 57 51 17 33

POMMARD

Domaine Jean-Marc Boillot
21630 Pommard
Tel. 03 80 22 71 29

Domaine de Courcel
21630 Pommard
Tel. 03 80 22 10 64

Domaine Parent
21630 Pommard
Tel. 03 80 22 15 08

Domaine Rebourgeon-Mure
21630 Pommard
Tel. 03 80 22 75 39

Domaine Le Royer Girardin
21630 Pommard
Tel. 03 80 22 59 69

POUILLY-FUMÉ

Château de Tracy
58150 Tracy-sur-Loire
Tel. 03 86 26 15 12

Didier Dagueneau
58150 Saint-Andelain
Tel. 03 86 39 15 62

Domaine des Berthiers Dagueneau
58150 Saint-Andelain
Tel. 03 86 39 12 85

Domaine Redde
58150 Pouilly-sur-Loire
Tel. 03 86 39 14 72

Maison Guy Saget
58150 Pouilly-sur-Loire
Tel. 03 86 39 57 75

PULIGNY-MONTRACHET Blanc

Domaine du Château de Puligny
21190 Puligny-Montrachet
Tel. 03 80 21 39 14

Domaine Leflaive
21190 Puligny-Montrachet
Tel. 03 80 21 30 13

Domaine Louis Carillon
21190 Puligny-Montrachet
Tel. 03 80 21 30 34

Domaine Sauzet
21190 Puligny-Montrachet
Tel. 03 80 21 32 10

Maison Louis Jadot
21200 Beaune
Tel. 03 80 22 10 57

QUINCY

Domaine Sallé
18120 Quincy
Tel. 02 54 04 04 48

Domaine Sorbe
18120 Preuilly
Tel. 02 48 51 30 17

Domaine du Tremblay
18120 Brinay
Tel. 02 48 75 20 09

Domaine Trotereau
18120 Quincy
Tel. 02 48 51 37 37

SAINT-ÉMILION

Château Angelus
33300 Saint-Émilion
Tel. 05 57 24 71 39

Château Canon
33330 Saint-Émilion
Tel. 05 57 55 23 45

Château Canon La Gaffelière
33330 Saint-Émilion
Tel. 05 57 24 71 33

Château Chauvin
33330 Saint-Émilion
Tel. 05 57 24 76 25

Château Cheval Blanc
33330 Saint-Émilion
Tel. 05 57 55 55 55

Château Faugères
33330 Saint-Étienne-de-Lisse
Tel. 05 57 40 34 99

Château Figeac
33330 Saint-Émilion
Tel. 05 57 24 72 26

Château Larmande
33330 Saint-Émilion
Tel. 05 57 24 71 41

Château Moulin Saint-Georges
33330 Saint-Émilion
Tel. 05 57 24 70 26

Château Pavie
33330 Saint-Émilion
Tel. 05 57 55 43 43

Château Troplong Mondot
33300 Saint-Émilion
Tel. 05 57 55 32 05

Château La Couspaude
33330 Saint-Émilion
Tel. 05 57 40 15 76

SAUTERNES

Château Gilette
33210 Preignac
Tel. 05 56 76 28 44

Château Lafaurie-Peyraguey
33210 Bommes
Tel. 05 57 19 57 77

Château Raymond-Lafon
33210 Sauternes
Tel. 05 56 63 21 02

Château de Rayne Vigneau
33210 Bommes
Tel. 05 56 11 29 00

Château Rieussec
33210 Fargues
Tel. 05 57 98 14 14

Château d'Yquem
33210 Sauternes
Tel. 05 57 98 07 07

SAVENNIÈRES

Château d'Épire
49170 Savennières
Tel. 02 41 77 20 59

Coulée de Serrant
49170 Savennières
Tel. 02 41 72 22 32

Domaine du Closel
49170 Savennières
Tel. 02 41 72 81 00

Domaine Pierre Soulez
49170 Savennières
Tel. 02 41 77 20 04

SAVIGNY-LÈS-BEAUNE Rouge

Daniel Largeot
21200 Chorey-lès-Beaune
Tel. 03 80 22 15 10

Domaine Chandon de Briailles
21420 Savigny-lès-Beaune
Tel. 03 80 21 52 31

Domaine Rapet
21420 Pernand-Vergelesses
Tel. 03 80 21 59 94

Domaine Simon Bize et Fils
21420 Savigny-lès-Beaune
Tel. 03 80 21 50 57

TAVEL

Château de Trinquevedel
30126 Tavel
Tel. 04 66 50 04 04

Domaine de la Mordorée
30126 Tavel
Tel. 04 66 50 00 75

Domaine Roc de l'Olivet
30126 Tavel
Tel. 04 66 50 37 87

Domaine Verda
30126 Tavel
Tel. 04 66 82 87 28

TURSAN Blanc

Château de Bachen
40800 Duhort-Bachen
Tel. 05 58 71 76 76

Château de Perchade
40320 Payros-Cazautets
Tel. 05 58 44 50 68

Les Vignerons de Tursan
40320 Geaune
Tel. 05 58 44 51 25

VIN DE SAVOIE CHIGNIN BERGERON

Domaine André et Michel Quénard
73800 Chignin
Tel. 04 79 28 12 75

Domaine Raymond Quénard
73800 Chignin
Tel. 04 79 28 01 46

Domaine Louis Magnin
73800 Arbin
Tel. 04 79 84 12 12

VOSNE-ROMANÉE

Domaine Anne Gros
21700 Vosne-Romanée
Tel. 03 80 61 07 95

Domaine des Perdrix
71640 Mercurey
Tel. 03 85 98 12 12

Domaine Henri Jayer
21700 Vosne-Romanée
Tel. 03 80 61 03 84

Domaine Leroy
21190 Auxey-Duresses
Tel. 03 80 21 21 10

Domaine Méo-Camuzet
21700 Vosne-Romanée
Tel. 03 80 61 11 05

Domaine Mongeard-Mugneret
21700 Vosne-Romanée
Tel. 03 80 61 11 95

Maison Dominique Laurent
21700 Nuits-Saint-Georges
Tel. 03 80 61 31 62

Maison Faiveley
21700 Nuits-Saint-Georges
Tel. 03 80 61 04 55